James Ford Jr.

Cuando una mujer ama a un hombre

La misión de Editorial Vida es ser la compañía líder en satisfacer las necesidades de las personas, con recursos cuyo contenido glorifique al Señor Jesucristo y promueva principios bíblicos.

CUANDO UNA MUJER AMA A UN HOMBRE
Edición en español publicada por
Editorial Vida – 2013
Miami, Florida

© **2013 por Editorial Vida.**

Este título también está disponible en formato electrónico.

This book was first published in the United States by
Moody Publishers 820 N. LaSalle Blvd. Chicago, IL 60610 with the title:
> **When a Woman Loves a Man**
> **Copyright © 2011 by James Ford, Jr.**

Translated by persmission,

Traducción: *Giovanni Durán*
Edición: *Ixchel Pérez de Díaz*
Diseño interior: *Santiago Arnulfo Pérez*

ISBN: 978-0-8297-6225-9

CATEGORÍA: Vida cristiana / Relaciones

IMPRESO EN ESTADOS UNIDOS DE AMÉRICA
PRINTED IN THE UNITED STATES OF AMERICA

13 14 15 16 17 ❖ 7 6 5 4 3 2 1

Agradezco al Señor Jesucristo por la «sublime salvación» con la cual me salvó justo a tiempo y para siempre. Dedico este libro a mi «cariño», Leslie Ann Ford, quien me ama. Has guardado todos los poemas originales que te he escrito. Aquí tienes otro para tu colección:

He quedado preso y en custodia, por la hermosa personalidad y el carácter de Cristo que habita en ti. Me encerraron en la prisión de tu amor. El gobernador quiso darme el perdón para una pronta salida, pero lo rechacé. Me dieron libertad condicional para salir sin contratiempos, pero insistí en que amarte es mi sentencia eterna y deseo cumplirla a totalidad. No quiero el perdón, no deseo salir pronto; pues para siempre soy prisionero de tu amor.

Contenido

Introducción

UNA MUJER EJEMPLAR. Una vez, un hombre sabio preguntó: «¿Dónde se hallará?». El mismo hombre, bajo la inspiración del Espíritu Santo, nos describe una mujer en busca de la excelencia. Hablamos del rey Salomón, quien escribió el libro de Proverbios hace miles de años. Al entender sus escritos, aún en nuestros días, cualquier persona puede encontrar dirección para descubrir una mujer con un estilo de vida admirable, correcto y piadoso.

Permíteme establecer el contexto. En este libro estamos en busca de este tipo de mujer. La Palabra de Dios la denomina mujer ejemplar porque ella sobrepasa todo. Además, si contrae matrimonio, se convierte de manera natural en una excelente esposa. Cuando las personas la ven, no tienen más remedio que inspirarse; pues refleja el modelo divino que Dios ha creado para la mujer.

Considero importante presentar el mensaje de la mujer ejemplar de Proverbios 31. De hecho, es crucial como fundamento del matrimonio cristiano. Por ello, este mensaje será nuestro punto focal a lo largo de este libro. Utilizaremos ejemplos bíblicos de mujeres que reflejaron el diseño de Dios. Describiremos a esta mujer en términos prácticos y la descubriremos a través de las formas básicas en las que una mujer ama a un hombre.

Para iniciar, permíteme llevarte al libro de Proverbios. El rey Salomón deja a un lado su corona y se viste con la túnica del predicador para escribir lo siguiente:

«El temor del Señor es el principio de la sabiduría» (Proverbios 1:7).

Así comienza su sermón: presenta el valor de la sabiduría. En esencia, quien la busque deberá abrazar una sincera reverencia a Dios. Se le conoce como «el temor del Señor». Este temor nos dirige a un entendimiento de Dios y sus caminos extraordinarios. Sin duda, no puedes caminar con él, a menos que lo conozcas.

Debo reconocer que el enfoque de Salomón es mejor que el de la mayoría de nosotros, los predicadores, pues te decimos qué hacer, pero por lo general no te decimos cómo hacerlo.

A medida que estudies los escritos de Salomón, notarás que a lo largo de su libro supo comprender y plasmar los principios elementales. El mensaje sobre la importancia de la sabiduría, con el cual inicia en el capítulo 1, finaliza con la imagen de la sabiduría en el capítulo 31, cuando escribe este magnífico pasaje:

> «Mujer ejemplar, ¿dónde se hallará? ¡Es más valiosa que las piedras preciosas! Su esposo confía plenamente en ella y no necesita de ganancias mal habidas. Ella le es fuente de bien, no de mal, todos los días de su vida. Anda en busca de lana y de lino, y gustosa trabaja con sus manos. Es como los barcos mercantes, que traen de muy lejos su alimento. Se levanta de madrugada, da de comer a su familia y asigna tareas a sus criadas. Calcula el valor de un campo y lo compra; con sus ganancias, planta un viñedo. Decidida se ciñe la cintura y se apresta para el trabajo. Se complace en la prosperidad de sus negocios, y no se apaga su lámpara en la noche. Con una mano sostiene el huso y con la otra tuerce el hilo. Tiende la mano al pobre, y

con ella sostiene al necesitado. Si nieva, no tiene que preocuparse de su familia, pues todos están bien abrigados.
Las colchas las cose ella misma, y se viste de púrpura y
lino fino. Su esposo es respetado en la comunidad; ocupa
un puesto entre las autoridades del lugar. Confecciona
ropa de lino y la vende; provee cinturones a los comer-
ciantes. Se reviste de fuerza y dignidad, y afronta segura
el porvenir. Cuando habla, lo hace con sabiduría; cuando
instruye, lo hace con amor. Está atenta a la marcha de
su hogar, y el pan que come no es fruto del ocio. Sus
hijos se levantan y la felicitan; también su esposo la alaba:
"Muchas mujeres han realizado proezas, pero tú las supe-
ras a todas". Engañoso es el encanto y pasajera la belleza;
la mujer que teme al Señor es digna de alabanza. ¡Sean reconocidos sus logros, y públicamente alabadas sus obras!»
(Proverbios 31:10-31).

Las Escrituras son una gema preciosa; si la mujer que valora
su caminar con Dios sabe aplicarlas, obtendrá resultados positivos. Y ya que en el siguiente texto se nos resume la descripción de
esta noble mujer, vale la pena repetirlo. Toma nota de este tesoro:

«Engañoso es el encanto y pasajera la belleza; la mujer que
teme al Señor es digna de alabanza» (Proverbios 31:30).

Dios nos presenta la extraordinaria imagen de una mujer perfecta y, por ende, de una excelente esposa. Superior a cualquier
característica adorable, ya sea física o mental que una mujer pueda
poseer, simplemente podemos identificarla como una mujer «te-
merosa de Dios».

LA RELACIÓN CORRECTA

Una mujer ejemplar vive de manera que su deseo primordial es agradar al Señor. Los que la rodean, lo perciben de inmediato. Puede que no se vista para llamar la atención, pero es difícil ignorarla. No usa enormes crucifijos alrededor del cuello, ni lleva una Biblia tan pesada que necesite una carretilla, pero es fácil reconocerla como mujer ejemplar. Existe algo divino en ella que es difícil de ignorar. Además, es difícil respetar la autoridad de quienes no respetan al Señor, por eso, el esposo de la mujer ejemplar, en particular, verá en ella la imagen de Cristo.

La naturaleza omnisciente y generosa de Dios ha provisto a la humanidad todo lo necesario para triunfar en la vida. Por ello, este texto que habla de una esposa excelente se reviste de belleza. En estas Escrituras, las mujeres reciben los principios divinos a los que pueden aspirar. Entre más los ponga en práctica, la mujer ejemplar aprenderá más sobre cómo conducirse en todas sus relaciones.

Lo primero y lo más importante: este mensaje se trata de poseer una relación correcta con el creador. Una vez que haya alcanzado esta meta fundamental, su relación con el Señor le permitirá establecer una relación correcta con su pareja. Si las relaciones primarias antes descritas marchan bien en su vida, será capaz de adoptar una visión honorable de la administración de su hogar. No habrá necesidad de seguir el ejemplo del mundo de cómo manejar su casa. Su esposo no tendrá que enfrentar de continuo sorpresas desagradables.

¿Puedes ver el patrón? La mujer que vive de esta manera crece exponencialmente y madura en lo espiritual. Con todos los aspectos de su vida alineados, su carrera o cualquier otro objetivo también permanecen en sintonía. Ella es tan segura de sí misma, que darle prioridad a su hogar no es sinónimo de retroceso en la vida. En resumen, de acuerdo con Proverbios 31, la mujer que teme al Señor tiene el viento a su favor.

A medida que ahondemos en las características de una mujer ejemplar, descubriremos que los capítulos de este libro encajan y se entretejen. Es así, porque Dios creó a la mujer con un modelo refinado e intrincado. La diseñó con gran precisión, de manera que cualquier mujer haría bien en aprender más sobre ese diseño y sobre las habilidades extra que posee cuando se convierte en esposa.

Una vez que haya descubierto el propósito de Dios para ella: ser el complemento de su esposo, la habilidad de una mujer para someterse al hombre que ama también saldrá a la luz. Dicha habilidad se incrementará y se fortalecerá con tres ingredientes que Dios ha depositado en su interior: apreciar, cuidar y cubrir a su esposo con amor.

Para cada mujer que lea *Cuando una mujer ama a un hombre*, va mi esperanza más sincera de que la discusión contenida en las siguientes páginas la motive e inspire a confirmarles el amor a los hombres de su vida. Deseo que desarrolle las características y cualidades de una mujer cuya corona es el ejemplo. Después de todo, cuando una mujer ama a un hombre, ¡no se conforma con menos!

cuando una
mujer
ama
a un hombre,
vive el diseño
de Dios

Capítulo Uno
el diseño
divino

QUIZÁ CONOZCAS BIEN el viejo eslogan: «El lugar de una mujer es en el hogar». Muy bien, en la sociedad moderna, este eslogan ha cambiado de manera drástica. Sé que algunas mujeres están pensando: «Gracias a Dios que ha cambiado». De hecho, la transformación ha sido tan drástica, que incluso he visto calcomanías en los parachoques con el mensaje: «El lugar de una mujer es en el centro comercial».

Con el pensamiento post moderno reinante, el mundo de las mujeres se ha transformado de manera exponencial. No obstante, te puede sorprender el hecho de que son pocas las que creen que su mundo se ha expandido. Piensan que se espera demasiado de ellas como mujeres y como esposas. Una vez alguien dijo: «Esperan que nos veamos como chicas, nos vistamos como chicos, pensemos como hombres y trabajemos como caballos».

Sin embargo, cuando consideras lo que Dios tiene que decir respecto al papel de las mujeres en el matrimonio, descubres que el comentario anterior está fuera de lugar. Por eso, si deseas conocer la verdad de algo, debes volver a su origen. En este caso, me refiero a la Palabra de Dios. En ella encontrarás el diseño divino, el esquema del plan de Dios para toda su creación.

¿UNA ESPOSA PERFECTA?

Cuando una mujer ama a un hombre, Dios la equipa para darle algo que él pueda sentir, en lo físico y espiritual. Mientras reflexionaba sobre la idea de una buena esposa, me pregunté: ¿cuáles son sus atributos? Sin duda, muchos hombres estarán de acuerdo con mi respuesta.

La esposa perfecta se parece a Halle Berry, posee un hermoso cuerpo como Tyra Banks, se ocupa de la casa como Martha Stewart, cocina como Paula Deen, tiene la mente de Mae Jemison y es adinerada como Oprah Winfrey. Y por si fuera poco, la esposa perfecta encarna la personalidad de Phylicia Rashad, la compasión de Madre Teresa y el impulso sexual de Madonna. Hombres, ¿me pueden dar un amén?

Sin embargo, no debería sorprendernos que el capítulo 31 del libro de Proverbios nos describa una mujer completamente distinta a la de las líneas anteriores.

Altas expectativas

La verdad es que todos tenemos expectativas. Los esposos las tienen de sus esposas y viceversa. En ocasiones, se cumplen; en otras, no. Más que eso, en muchos casos, las expectativas permanecen ocultas y eso trae fricción a la pareja.

Entonces, ¿qué espera un hombre de su esposa? Alguien responde: que sea hermosa sin necesidad de ir a arreglarse el cabello. No necesita manicura, ni pedicura. Siempre se viste de alegría y nunca se enferma. Para gozo del esposo, sufre de alergia a las joyas y los abrigos de pieles. Es experta en quedarse callada. Su pasatiempo favorito es sacar la basura y cortar el césped. Posee el cerebro de Einstein y el cuerpo de una diosa. Y para finalizar, y esto es por completo necesario, desea que su esposo salga con sus amigos con regularidad, para sentirse libre de coser y planchar.

Muy bien damas, perdónenme ese poquito de frivolidad. Era un simple intento de divertir y lo agregué, porque algunos hermanos opinan que los molesto bastante. Espero que con este comentario quedemos a mano.

Primero, lo primero

Dejemos a un lado el humor. Quiero hablar de lo que Dios esperaba que ocurriese después de crear al hombre y a la mujer. Al reflexionar en la Palabra de Dios de manera cuidadosa, descubrimos sus expectativas para cada género. Esto es vital para todos, puesto que él se encargará de hacernos tomar la responsabilidad de nuestros actos. Entonces, volvamos al inicio y descubramos lo que sucedía en el libro del Génesis. Es tiempo de poner las cosas en orden. Escucha lo que dice el relato en Génesis 2:

> «Dios el Señor tomó al hombre y lo puso en el jardín del Edén para que lo cultivara y lo cuidara, y le dio este mandato: "Puedes comer de todos los árboles del jardín, pero del árbol del conocimiento del bien y del mal no deberás comer. El día que de él comas, ciertamente morirás"» (Génesis 2:15-17).

En este primer versículo, vemos que Dios coloca al hombre creado en un jardín y le pide cuidar de él. Por tanto, Dios le entrega el domino y la mayordomía de la creación a Adán. Al decir dominio, entendemos que estaba allí para regir de la mejor manera. Mayordomía significaba regir y cuidar del jardín. Debía cultivarlo, nutrirlo y hacer lo necesario para asegurar su crecimiento saludable. En los siguiente dos versos, Dios le informa a Adán lo que espera de él. *«Puedes comer de todos los árboles»*; así, Dios indica su provisión para el hombre. Cuando Adán escucha esta misericordiosa invitación, responde con adoración y, es sin duda, la reacción correcta, pues el hombre ha sido creado para adorar al poderoso Dios.

Sucede lo mismo con todos nosotros. Deberíamos estar eternamente agradecidos y en actitud de adoración, por las abundantes bendiciones de Dios. Volvamos al texto. La instrucción final para Adán fue una advertencia: «No deberás comer [...] ciertamente morirás». Este tipo de interacción entre Dios y el hombre los unió en una relación mutua.

Sin embargo, para Adán, aquí es donde la historia se pone interesante. Las Escrituras dicen que Dios vio que ninguna de las criaturas sobre la Tierra era compatible con Adán, entonces declaró: «No es bueno que el hombre esté solo. Voy a hacerle una ayuda adecuada» (Génesis 2:18). Dios se percató de la necesidad de Adán y se dispuso a crear a la compañera apropiada, alguien con quien él pudiera tener hermandad. Con claridad, vemos que Dios deseaba que Adán se conectara con ella; alguien que se viera como él. Ya me imagino lo que Adán estaba pensando cuando abrió los ojos y descubrió a su adorable esposa, Eva, que tenía su misma forma en apariencia, pero no su misma estética. ¡Gracias a Dios! Esta nueva creación era como él, se movía como él, sentía como él y hablaba como él. En otras palabras, Dios le presentó una creación diseñada para complementarlo.

¿Quién está a cargo?

En todo el proceso de la creación, Dios estableció patrones para el funcionamiento de las cosas. Adán y Eva fueron los primeros, no obstante, en ellos se representó a la humanidad. En la primera pareja, Dios estableció a detalle el tipo de relación que desea en el matrimonio. Necesitamos aprender mucho más sobre los roles específicos que Dios nos asignó y sobre cómo nos relacionamos con nuestro creador.

El apóstol Pablo reitera el plan de Dios, cuando presenta la jerarquía de nuestra relación con él.

«Ahora bien, quiero que entiendan que Cristo es cabeza de todo hombre, mientras que el hombre es cabeza de la mujer y Dios es cabeza de Cristo [...] El hombre no debe cubrirse la cabeza, ya que él es imagen y gloria de Dios, mientras que la mujer es gloria del hombre. De hecho, el hombre no procede de la mujer, sino la mujer del hombre; ni tampoco fue creado el hombre a causa de la mujer, sino la mujer a causa del hombre» (1 Corintios 11:3, 7-9).

Cuando Dios trazó su plan maestro, la estructura de toda la creación, también trazó el diseño de la autoridad. Según su diseño divino, entre Dios y Cristo no existe inferioridad en lo absoluto. Tampoco existe entre un hombre y una mujer. Detrás de esta analogía encontramos igualdad en las respectivas relaciones, con una distinción cuando se trata de los roles.

Aquí también encontramos que Dios creó al hombre a su imagen, es decir el *Imago Dei*. Le dio una personalidad, intelecto, emociones y voluntad; Adán se convirtió en el reflejo humano de la propia imagen de Dios. Tuvo la distinción de ser el primero y recibió la responsabilidad de ser el líder espiritual de su hogar.

Eva fue el prototipo de la mujer modelo. Y como reflejo de cada mujer, la estudiamos para comprender su diseño y función. Dado que «salió del hombre», las Escrituras la identifican como «la gloria del hombre». Con claridad y con su amor e infinita sabiduría, el Maestro Diseñador estableció los papeles. Creo que Dios siente dolor cuando nos observa despilfarrar y abusar de su excelente plan.

Sigamos el plan

Cuando Dios creó el matrimonio, ¿por qué y para qué lo hizo? Me parece una buena pregunta. En verdad nadie sabe más que el Diseñador. Él conoce los propósitos de su diseño. Para comprender el matrimonio y nuestros roles dentro de él, debemos consultar su plan divino, ahí encontramos las respuestas. Dios nos entregó un diagrama para el matrimonio y estableció las instrucciones en su palabra. Él nos dice:

«Por tanto el hombre dejará a su padre y a su madre y se unirá a su mujer, y serán una sola carne» (Génesis 2:24).

Las Escrituras encapsulan la visión de Dios sobre el matrimonio. Cuando un hombre y una mujer se unen, ya no son «tú y yo». Ahora son «nosotros». Dios los considera una unidad. Como resultado, ser «una sola carne» implica intimidad espiritual y física y es el vínculo más poderoso entre los humanos. Incluso más poderoso que el que existe entre una madre y su hijo, porque sin la unidad de sus padres, el hijo no puede existir.

Sin embargo, a menudo, tú y yo abandonamos el plan divino y rechazamos el plan de Dios para nuestros matrimonios. Tanto los hombres como las mujeres somos culpables de ello. Lo dejamos de lado y adoptamos lo que el mundo nos ofrece. En lugar de escuchar lo que Dios tiene para nosotros como esposos y esposas, escuchamos las voces de la sociedad con su torrente de sabiduría secular. Estaríamos mejor si entendiéramos que Dios tiene un propósito en mente y desea cumplirlo en nosotros.

Si buscas un significado para tu matrimonio, puedes encontrarlo en el plan divino. De esa manera, cuando tu matrimonio choque contra el muro de la adversidad, ambos, como pareja, se fortalecerán en un vínculo aún más poderoso. Me gustaría decirlo de esta forma: Siempre que actúes bajo las instrucciones de Dios, serás capas de doblarte cuando debas hacerlo y de mantenerte firme cuando tengas que mantenerte firme.

Si deseas llevar una vida buena, debes entender que la visión de Dios y la visión del mundo son opuestas. El mundo dice: «Hasta que la deuda los separe». Pero Dios dice: «Hasta que la muerte los separe».

Por lo tanto, cuando las instrucciones de Dios habitan en nuestros corazones, eliminamos cualquier razón para abandonar el matrimonio; avivamos nuestra determinación de permanecer juntos. Los matrimonios pueden permanecer unidos hasta la muerte, porque Dios los diseñó para ello. No lo hacen porque hemos alterado su plan, hemos cambiado el esquema original y, como siempre, hemos traído el caos. Podemos enfrentar problemas financieros, pero esa no es razón para abandonar a nuestro cónyuge. El mundo nos sugiere hacerlo, sin embargo, el plan divino nos dice que cuando enfrenta problemas, el matrimonio puede superarlos sin importar las diferencias o desacuerdos. Un matrimonio es capaz de soportar hasta el final porque Dios así lo diseñó.

Una ilustración nos ayudará a entender mejor. El diseñador de un automóvil prueba su prototipo para verificar si funciona como se espera. Le pone especial atención a los detalles y de forma meticulosa trabaja para que el diseño cumpla con las rigurosas especificaciones. En otras palabras, desea que sea flexible cuando deba hacerlo y que se sostenga firme cuando sea necesario. A la larga, la meta es poner a la venta el producto, cuando se ajuste al modelo que el diseñador tiene en mente.

De manera similar, Dios creó el matrimonio para ponerlo en la vitrina y que el mundo pudiera verlo. ¿Sabías que el matrimonio es un cuadro de Jesucristo y su iglesia? Dios nos revela el cuadro valioso de cómo es un matrimonio cuando él está en control. Cuando lo ven, las personas saben que Cristo está en medio de él. La pareja no actúa como los que viven sin Dios en sus corazones. La relación se convierte en modelo aprobado, pues cumple con los estándares de Dios y es reconocida de la misma forma en que se puede reconocer un Porsche a simple vista. Este era el plan de Dios para el matrimonio: las personas deberían ver a los esposos cristianos y ver a Cristo.

Si deseas ser una mujer ejemplar, debes aprender a gobernarte a ti misma. No consultes con la filosofía de alguien más ni confíes en la opinión de algún experto. Si quieres saber cómo ser una esposa piadosa, consulta al Diseñador. Existen mujeres piadosas y maduras a nuestro alrededor y la Biblia les pide que enseñen a las más jóvenes. No obstante, Dios es la respuesta final. Después de todo, el matrimonio es su creación, y ¿quién sabe más que él? Cuando desees recibir respuestas justas, regresa al diseño divino y confía en la palabra no adulterada del Dios viviente para mostrarte el camino.

Cuando consultes con el Diseñador del matrimonio, descubrirás que él creó a la esposa con tres aspectos en mente:

a) Cumplir el propósito que tiene para ella
b) Prepararla para su rol divino
c) Completar el proceso de dar vida

El propósito

El diseño de Dios para la mujer toma forma en el amor por su hombre. Así como Adán se complementa con Eva, Eva se complementa con él. El plan de Dios muestra cómo creó a la mujer y la razón por la cual la creó. Fue equipada para el hombre que Dios traería a su vida.

Eva recibió un papel específico. Dios esperaba ciertas cosas. De hecho, la primera referencia que Dios hace de ella refleja su principal propósito. Dios dijo: «No es bueno que el hombre esté solo. Voy a hacerle una ayuda adecuada» (Génesis 2:18).

Aquí lo tenemos. Eva fue diseñada para ser la ayuda de su esposo. Este rol es muy especial, porque solo existen dos seres reconocidos como «ayudadores» en la Biblia. Eva es uno, y puede no sorprenderte saber que el otro es Dios. Antes que la trajese a Adán, Dios infundió en la mujer la habilidad natural de proteger y apoyar a su hombre. Si alguna vez te has preguntado por qué las mujeres son cuidadoras naturales y protectoras feroces, ahora ya sabes la repuesta.

La palabra «ayudador» viene del término hebreo *ezer*, que significa «uno que ayuda». En el Antiguo Testamento aparece veintiún veces: diecinueve se refiere al Señor y dos, a la mujer; por favor, no olvides esto. Dios le ha dado a la mujer una labor. Y es algo entre ella y Dios.

Deseo aclarar cualquier posible malentendido. El papel de la mujer no implica inferioridad, porque Dios no tiene nada de inferior. Es algo entre ella y Dios, y él es supremo, majestuoso, magnífico y maravilloso. Dios es todo lo bueno. No aceptaría para sí mismo una labor que lo degradara.

Ahora, piensa en lo maravilloso de esto. La mujer recibe también el nombre que Dios utiliza para sí mismo: *Ezer*. Para mostrarte el impacto tremendo de esto, te daré algunos ejemplos donde el nombre se utiliza en referencia a Dios. Recuerda que algunos sinónimos de la palabra «ayuda» son «apoyo», «socorro», «mejora», «asistencia» y «alivio».

«Esperamos confiados en el Señor; él es nuestro socorro (*ezer*) y nuestro escudo» (Salmos 33:20).

«Dios es nuestro amparo y nuestra fortaleza, nuestra ayuda (*ezer*) segura en momentos de angustia» (Salmos 46:1).

«Yo soy pobre y estoy necesitado; ¡ven pronto a mí, oh Dios! Tú eres mi socorro (*ezer*) y mi libertador; ¡no te demores, Señor!» (Salmos 70:5).

«A las montañas levanto mis ojos; ¿de dónde ha de venir mi ayuda (*ezer*)?» (Salmos 121:1).

¿Te das cuenta del asombroso poder que Dios le ha conferido a la mujer ejemplar? Al utilizar la misma palabra, *ezer,* Dios le ha dado una posición como ninguna otra. No obstante, debo resaltar algo: *Yahveh* es el Gran *Ezer* y la mujer creada es la pequeña *ezer.* ¿Te das cuenta? Dios no le suplirá ciertas cosas al hombre. Por medio de Eva, Dios canalizará sus bendiciones a su contraparte, su hombre, Adán.

Como resultado, hay ciertas bendiciones que Dios ha reservado al esposo para dárselas solo a través de la esposa. Dios creó a Eva para proteger a Adán en una manera específica y para cubrirle las espaldas. Y dado que ella tenía una relación con Dios, cuando Adán la veía a los ojos, ¿qué crees que veía? Correcto, al Gran Ezer.

Permíteme ilustrarte lo que digo. Mi primer nieto, Little J., y yo salimos a pasear. Me acompañó a cortarme el cabello a la barbería de su padre. Pero antes, paramos en la estación de gasolina. Le había dado cinco dólares, y ya sabes lo qué siente un niño de cinco años cuando tiene cinco dólares en su bolsillo. Es rico y lo consume el ardiente deseo de comenzar a gastar su riqueza.

—¿Abuelito? —preguntó.

—¿Qué deseas?

—¿Puedo comprar una soda y unas papitas?

—Claro, pero debes esperar —respondí.

Comprendió la palabra *claro,* pero ignoró la parte de *esperar.* Esa palabra no tiene cabida en el cerebro de un niño de cinco años.

Cuando íbamos hacia la barbería, estaba serio, hinchado como una rana toro.

—¿Cuál es el problema? —indagué.

—Nada —respondió.

Luego, me miró con aires de molestia. Yo sabía lo que sucedía.

—Tú quieres una soda y unas papitas. Quieres gastar los cinco dólares que tienes en el bolsillo.

—Sí, es verdad.

—Pero te pedí que esperaras. Te voy a explicar por qué. Vamos a la barbería de tu padre y algunas de las cosas que él tiene allí son soda y papitas, ¿verdad? No gastarás ni un centavo en lo que quieres. Cuando lleguemos, tendremos sodas y papitas para los dos.

Comenzó a reír y dijo:

—Es cierto, ahorro el dinero y siempre consigo la soda y las papitas.

—Ahora lo entiendes.

Su comportamiento cambió por completo, porque incluso un niño de cinco años comprende la palabra «gratis».

Déjame explicarte. Dios te dice: «Yo soy el Gran Ezer y tengo una visión de las cosas que tú no posees. ¿Te das cuenta? Ya he diseñado la manera de satisfacer tus necesidades. No debes preocuparte de gastar lo que te he dado, porque quiero cumplir tus deseos y no te costará nada».

Las mujeres solteras quienes desean un esposo, deben entender que poseen las virtudes de Dios y la virginidad divina. No necesitan negociar. «Escucha, tengo una bendición para ti. No es necesario gastar lo que te he dado, porque yo cumpliré tus deseos y me aseguraré que no te cueste nada».

Es mejor esperar en Dios, porque él te traerá bendición y no un permanente dolor de cabeza. Pon atención, no dije que él te librará de *todos* los dolores de cabeza, eso no es cierto. Enfrentar algunos es inevitable en la vida, pero con el dolor, Dios suplirá el aliciente. Sin embargo, él no quiere que pagues un alto precio por algo que desea darte gratis.

Cuida lo suyo

Cuando estudias la descripción de la mujer ejemplar, descubres cómo se conduce en la vida. Te presento algunas de las actividades que definen a este ser ideal. En el verso 14 dice que ella está dispuesta a recorrer distancias si necesita comprar algo beneficioso para su familia y ahorrar dinero. Obtiene cupones, compra en el almacén Aldi y busca artículos en rebaja.

En el verso 15 dice que ella se levanta temprano, en la madrugada, para darle de comer a su familia. En los versículos 21 y 22, se enfatiza su habilidad de confeccionar ropa fina para su familia. En el 27, se detalla que vela con amor por su hogar. Ha desarrollado las habilidades necesarias para el beneficio de su familia y las ejercita con amor. Su esposo e hijos se sienten motivados a alabarla, por el cuidado tierno y aplicado que demuestra.

Algunas personas argumentarán que esta mujer ni siquiera existe. Veamos, muchas mujeres no encarnan el tipo de esposa que Dios desea. Para empeorar las cosas, sus esposos tampoco lo hacen. La vida se torna un caos. Los papeles de la pareja están entrelazados de tal forma que se necesitan mutuamente para relacionarse de manera saludable y holística.

La razón principal de que las Escrituras nos brinden todos estos detalles es para establecer un ejemplo para las mujeres. La idea central de Proverbios 31 es que la mujer es un beneficio para el esposo, no un impedimento.

En contraste con esa posibilidad, la Biblia nos dice que un esposo confía en una buena esposa y la reverencia. Y contrario a lo que podrían pensar los escépticos, existen buenos ejemplos de mujeres virtuosas.

Quizá hayas escuchado sobre el difunto Edward Victor Hill, mejor conocido como Doctor E. V. Hill. En una conferencia para pastores, lo escuché decir: «En mi vida, he tenido dos esposas». Explicó que una estaba en el cielo y otra en la tierra y que esto era suficiente para mantenerse alejado de problemas. Luego, en referencia a su primera esposa, ya fallecida, mencionó: «Les quiero relatar algo sobre mi linda nena». En una época, él estaba luchando contra las pandillas en los Ángeles, cuando le enviaron una carta anónima con el siguiente mensaje: «Te mataremos. Pondremos una bomba en tu automóvil».

Al día siguiente, se levantó con el delicioso aroma del desayuno que lo aguardaba. Se sentó a la mesa y pensó *¿dónde está* *mi linda nena?* Cuando ella por fin apareció, él estaba a punto de marcharse. «No te preocupes si vuelo en pedazos, tú estarás bien cuidada», le dijo. Entonces, ella le entregó las llaves del automóvil y le aseguró que no explotaría: «Salí esta mañana y encendí el auto para asegurarme de que no hubiera ninguna bomba». De manera asombrosa, ella estuvo dispuesta a arriesgar su propia vida para salvarlo.

Aquí les presento otra buena ilustración. Se dice que, en Inglaterra, el matrimonio de Winston Churchill es considerado uno de los mejores ejemplos de lealtad y confianza. Cuando tenía que dar un discurso en la Cámara de los Comunes, esperaba la señal de su esposa para comenzar. La historia dice que, más tarde en la vida, le hicieron esta pregunta: «Señor Churchill, si pudiera vivir otra vez, ¿qué le gustaría ser?». Él les guiñó el ojo y respondió: «Quisiera ser el próximo esposo de la señora Churchill». ¡Qué testimonio!

Estas mujeres ejemplifican lo que Proverbios 31:12 nos dice acerca de una mujer que ama a su hombre: «Ella le es fuente de bien, no de mal, todos los días de su vida».

La actitud cuenta

Una excelente esposa trata bien a su esposo y, aún más, le brinda los beneficios de una actitud justa. Ella desea lo mejor para su esposo. ¿Te das cuenta cómo una mujer ejemplar canaliza las bendiciones de Dios?

Observa también que las Escrituras dicen que una mujer ejemplar es así con su esposo durante toda su vida, no solo durante la de él. En otras palabras, cuando él se haya ido, haya muerto, la memoria de ese hombre seguirá dentro de ella. Lo honrará, aun cuando no esté en su presencia.

Gracias a la habilidad que posee, una mujer puede brindar este tipo de confianza y apoyo. Analicemos los aspectos involucrados en la preparación que Dios le da a este tipo de mujer. Vemos que incluso antes de que Adán se diera cuenta de su estado incompleto, Dios se había anticipado y tenía planes. La Palabra de Dios nos describe la situación antes de la aparición de Eva.

«Entonces Dios el Señor formó de la tierra toda ave del cielo y todo animal del campo, y se los llevó al hombre para ver qué nombre les pondría. El hombre les puso nombre a todos los seres vivos, y con ese nombre se les conoce. Así el hombre fue poniéndoles nombre a todos los animales domésticos, a todas las aves del cielo y a todos los animales del campo. Sin embargo, no se encontró entre ellos la ayuda adecuada para el hombre» (Génesis 2:19-20).

Dios tenía en mente a la esposa de Adán, aun antes de que este la tuviera en sus brazos. Además, Adán ignoraba esta necesidad hasta que enfrentó la tarea de nombrar a los animales. Mientras avanzaba en la tarea que Dios le había encomendado, se hizo evidente que ninguna de las criaturas podía igualar su intelecto, carácter, ética y espiritualidad. Adán era fiel en su servicio a Dios y ya era el tiempo de recibir su recompensa.

Siempre me viene a la mente una pregunta: *¿Adán estaba buscando una mujer? ¿Qué sabía él de una esposa?* Supongo que nunca lo sabremos. Sin embargo, la Biblia sí dice que no se encontró ayuda para el hombre. Sin duda, Dios puso el deseo en el corazón de Adán. Aquí les presento el principio: él se comprometió primero con Dios y, como resultado de su dedicación, Dios le trajo compañía para toda la vida.

SOLO PARA SOLTERAS

Dedico esta parte en especial a las mujeres solteras. Debes ser muy cuidadosa y esperar por el hombre que Dios tiene para ti. De otra manera, si eres muy impaciente e impulsiva, terminarás con la primera cosa que aparezca con piernas y pantalones. Te advierto: si haces eso, será mejor que revises si lleva una billetera en su bolsillo, y que no esté vacía.

Ya les he dicho esto a las solteras y es importante repetirlo otra vez. Deja de transitar el camino de ladrillos amarillos que te conduce al mago de Oz de las relaciones; deja de inmiscuirte con espantapájaros, tipos sin cerebro. Deja de jugar con hombres de hojalata que no tienen corazón. No desperdicies tu tiempo con leones cobardes. Me refiero a hombres que solo te darán una bofetada. Si no, terminarás buscando amor en lugares equivocados.

Con oración serás capaz de evitar los traumas de tales circunstancias. Como soltera, tu prioridad es el ministerio de Dios. En ese contexto, él hará lo que esperas. No obstante, la realidad es que muchas buscan un esposo en lugar de servirle al Señor. Actuar así, solo te impide encontrar la pareja correcta. No se te instruye a buscar un esposo. La Biblia dice que si nos deleitamos en el Señor, él nos dará los deseos de nuestro corazón. Nuestro corazón buscará lo agradable a Dios. Desearás lo que él desea para ti. Si no tienes cuidado, puedes conseguirte un Ismael en lugar de un Isaac. Dios es el único capaz darte lo mejor, cuando le das el primer lugar.

Además, cuídate de quienes le piden a las solteras no amar a nadie más que a Dios. La implicación de esto es que el Señor desea su soltería. (¿Has notado que esta idea viene de personas casadas?). ¿Adivina qué? Adán tenía a Dios, y él le trajo compañía. Después de todo, él dijo que no era bueno que el hombre estuviera solo. Seguir las órdenes de Dios es lo importante. Las Escrituras dicen:

«Más bien, busquen primeramente el reino de Dios y su justicia, y todas estas cosas les serán añadidas» (Mateo 6:33).

No dice que busquemos solo a Dios. Dice que lo busquemos primero y él cumplirá los deseos de nuestro corazón.

De esto se trata la preparación. Cuando te plantes en la justicia, él te alineará con la pareja correcta para ti. Así que no te preocupes. No tiene nada de malo desear casarse, pero es incorrecto escoger tu propio esposo. Créeme, te equivocarás. Solo haz las cosas a la manera de Dios y obtendrás buenos resultados.

El proceso

Todo lo que Dios hace tiene un propósito y todas las cosas suceden con una razón. ¿Alguna vez has notado que él nos lleva a través de un proceso antes de recibir una bendición? Esa es la manera de Dios. El proceso para crear a la mujer siguió este mismo patrón. Esto fue lo que sucedió.

«Entonces Dios el Señor hizo que el hombre cayera en un sueño profundo y, mientras este dormía, le sacó una costilla y le cerró la herida. De la costilla que le había quitado al hombre, Dios el Señor hizo una mujer y se la presentó al hombre» (Génesis 2:21-22).

Pon atención al proceso que siguió Dios en la creación de la mujer. Puso a dormir a Adán. Quiero repetir algo que dijo mi buen amigo Kenny Grant: «El hombre jamás llegará a comprender a la mujer, porque estaba dormido cuando Dios la creó». Es la mejor explicación de la diferencia de los sexos que alguna vez podamos tener.

No obstante, Dios sabía que nos necesitaríamos unos a otros. Las Escrituras dicen que Dios tomó a la mujer del hombre. Tomó una costilla de Adán y creó a Eva. La Biblia, de hecho, dice que Dios *yatsa* a la mujer para el hombre. La palabra hebrea *yatsa* se traduce como «construir». Así que, Dios, de forma literal, hizo a la mujer para el hombre, de acuerdo con su diseño divino. Luego, se la trajo a Adán.

Recuerda, toda la creación proviene del polvo, incluso Adán, sin embargo, la mujer es la excepción. Dios utilizó una parte de la carne y los huesos del hombre.

Ahora, las mujeres deben estar al tanto de la siguiente regla divina: todo hombre que tiene una esposa o desea tener una en el futuro debe estar dispuesto a renunciar a algo, puesto que Adán lo hizo. Él renunció a una costilla y, de acuerdo con la Biblia y con los actos de Dios, este hecho estableció un principio fundamental aplicable tanto a hombres como a mujeres. Entrégale a Dios lo que tengas, como sacrificio, y permítele darte lo que deseas, en retorno.

Por ejemplo, recuerda el relato de los panes y los pescados de Juan 6:5-13. Jesús toma los pescados y los panes de manos de un chico, los multiplica y alimenta a las multitudes. Aunque no era mucho, era todo lo que el chico tenía para ofrecer. A través de esta lección, Jesús demostró que Dios no se preocupa por tus posesiones; en lugar de eso, se preocupa por tu actitud de ofrecer lo que tienes. A su manera y en su tiempo, él incrementará lo que tengas y te devolverá más de lo que puedas imaginar.

Quizá estés abrumada y al final sientas que no puedes continuar. Entrégale esos sentimientos a Dios, él puede manejarlos por ti. Si necesitas entregarle tu orgullo y voluntad, hazlo, y el Dios de gracia fortalecerá tus relaciones y aumentará tu matrimonio en formas maravillosas. Si eres una mujer soltera, ofrécele tu corazón y él te dará los deseos de tu corazón.

En las Escrituras puedes encontrar que no importa lo que ofrezcas, ya sea bueno o malo, siempre las cosas salen bien. Dios tomará lo que pongas en el altar y te concederá lo necesario. Puedes descansar segura de que vendrá más de lo que has sacrificado por él.

Piensa en *esto*:

1. ¿Te sientes satisfecha con la relación personal que tienes con el Señor?
2. ¿Qué cambios puedes hacer para acercarte a él?
3. De acuerdo con la descripción de Proverbios 31, explica en tus propias palabras qué significa ser una mujer ejemplar.
4. ¿Entiendes las necesidades de tu esposo? ¿Crees estar preparada de manera adecuada para ser la esposa que él necesita?
5. ¿En cuáles aspectos necesitas mejorar para cumplir las expectativas que él tiene de ti como esposa?
6. ¿Oras de manera constante para recibir la estrategia divina y así cambiar en estos aspectos?

Vive *por esto*:

Querido Padre celestial, dales tu abundante bendición a quienes muestran el deseo de seguir tu plan divino. Y como el más preciado ayudador, encarna el plan divino que todas las mujeres deben seguir. Enséñales a ayudar y a apoyar a sus maridos en sus necesidades, de manera que puedan ser canales de bendición para ellos y sus matrimonios. En el nombre de Cristo, así sea.

cuando una
mujer
ama
a un hombre,

ella lo complementa y él a ella

¿HAS ESCUCHADO la historia de una mujer que deseaba que su esposo la contactara desde la tumba? Se comunicó con una médium y le pidió que lo llamara. La médium trajo el espíritu de Bill, y su esposa pudo hablarle.

—¿Bill, eres tú? —preguntó la mujer.

—Sí, yo soy.

—¿Eres feliz dónde estás ahora?

—Sí, lo soy —respondió el hombre.

—¿Eres más feliz ahora que cuando estabas conmigo?

—Sí, muchísimo —respondió Bill.

—Muy bien Bill, dime, ¿cómo es el cielo?

—¿Quién está en el cielo? —replicó Bill.

Parece que a este hombre no le importaba donde tenía que pasar la eternidad, con tal de permanecer alejado de su esposa. Era feliz. Es triste, pero este es un cuadro de cómo terminan los matrimonios. Sin embargo, por lo general, no es así como todo empieza. El día de la boda, ella luce radiante, hermosa, como una reina. Después de cinco años o más, por desgracia algo ocurre.

Proverbios 12:4 podría arrojarnos luz sobre este problema. El texto nos dice: «La mujer ejemplar es corona de su esposo; la desvergonzada es carcoma en los huesos».

Este versículo deja clara la diferencia entre dos polos opuestos que una mujer puede adoptar en su matrimonio. Con su actitud y sus acciones puede convertirse en corona o en cáncer; puede traer sanidad o traer el infierno; traer satisfacción o quejas. Además, puede convertirse en la cuidadora del hogar o en la regañona; en la ayuda o el obstáculo para su marido. La diferencia radica en si ella entiende quién es ante los ojos de Dios y de su esposo.

De acuerdo con Proverbios 12:4, una mujer ejemplar es una corona en la cabeza de su marido. Si pongo una corona en la cabeza de un hombre, ¿en qué se convierte? En un rey. Y si él es el rey, ¿quién es la esposa? Correcto, la reina.

Si decides ser una corona, obtendrás los beneficios de una corona. La corona es un símbolo de realeza, es regia. Representa el valor de quien tiene el privilegio de usarla y el punto más alto del éxito, de la dignidad y la excelencia.

Para ser congruente con la descripción de una mujer ejemplar, una esposa debería tener un comportamiento capaz de elevar y animar a su esposo. Debe coronarlo con dignidad y respeto propio, darle su grado de distinción y edificarlo en todas las formas posibles. Como resultado, ella vendrá a ser la compañera por excelencia. Ese es el deseo de Dios para quienes estamos en el matrimonio. Así desea que vivamos su palabra.

EL ASUNTO DE LA IDENTIDAD
¿QUIÉN ERES TÚ?

Las personas se meten en problemas cuando no saben quiénes son y a quién le pertenecen. ¿Puedes imaginarte qué implicaciones tiene ignorar esto? Si hablamos del ámbito espiritual, tal ignorancia resulta ser el factor fundamental por el cual muchos matrimonios fracasan.

Lo primero que necesitamos entender es que le pertenecemos al Señor Jesús. En el caso de la mujer casada, el segundo compromiso de su vida debe ser con su esposo, si ella ha decidido vivir el rol que el Señor le ha dado. Por lo tanto, si eres una esposa deseosa de cumplir el propósito diseñado para ti, primero debes aceptar tu identidad y conducirte según el rol que Dios te ha dado.

Recuerda el pasaje en Génesis 2:18-24, donde encontramos el momento en el que Dios decide crear a la mujer. Hagamos una recapitulación: Después de poner al hombre en un sueño profundo, Dios toma la costilla, cierra la carne y deja intacto a nuestro hermano Adán. Luego, Dios usa esa parte de su cuerpo para formar a la mujer. No obstante, algo intrincado y profundo ocurre en este proceso creativo. Quizá te sorprenda saber que la identidad de la mujer se pierde en la identidad del hombre para quien Dios la creó.

Si no me crees, dejemos que la Biblia hable. Las Escrituras declaran que Dios la trajo al hombre y Adán la llamó «mujer» (Génesis 2:23). No obstante, en Génesis 5:2, Dios los llama con un solo nombre: «Varón y hembra los creó; y los bendijo, y llamó el nombre de ellos Adán, el día en que fueron creados» (RVR, 1960). Observa que la palabra «Adán» es singular. Dios les da un nombre y selecciona el nombre de Adán. Claramente, cuando un hombre y una mujer se unen en matrimonio, la intensión de Dios para ambos es que se unifiquen en la identidad del hombre. Esa es la razón por la que las mujeres adoptan el apellido del hombre.

La Palabra de Dios explica lo sucedido:

«Por eso, el hombre deja a su padre y a su madre y se une a su mujer, y los dos se funden en un solo ser» (Génesis 2:24).

Por ende, Cuando Dios entrelaza la identidad del hombre y de la mujer, él mismo sella el compromiso de la esposa con el esposo.

En términos espirituales, ¿qué significa para ella? Existen cinco aspectos que se derivan de los votos nupciales que dice una mujer. Te los presento a continuación:

1. *Su vieja identidad como soltera muere. Renace con la identidad del hombre.* Es lo mismo que el nuevo nacimiento. Cuando estamos en Cristo, nuestra antigua identidad no existe más (2 Corintios 5:17). A través del bautismo del Espíritu Santo, morimos a nuestra vieja naturaleza, somos sepultados con Cristo y resucitados a una nueva vida. Este proceso nos saca del viejo y pecaminoso Adán y nos introduce al nuevo y resucitado Adán, que es Cristo Jesús.

Jesús tomó una fotografía de nuestra relación con él, la duplicó y la puso en nuestras manos el día de la boda, como regalo especial. Este simbolismo cobra vida cuando la mujer adopta el apellido del esposo. Con la unión matrimonial, la mujer muere a su antigua vida y a su antiguo nombre. Resurge en una nueva vida de casada.

Por ejemplo, si tuviera que presentarte a mi esposa, diría que somos el señor y la señora James Ford Jr. Sería inapropiado presentarnos como el Señor y la señora James y Leslie Ford. Según la ley de Dios para el matrimonio, cuando mi mujer tomó mi nombre, su antigua identidad se perdió en quien yo soy.

2. *Lo sepa o no, tomar el nombre de su esposo es un compromiso de lealtad para con él. En este gesto, ella declara que su padre ya no es el primero en su vida.* Es una señal para su esposo. De ahora en adelante, él será el principal hombre de su vida.

Quisiera dar un mensaje de precaución, en especial para las mujeres que aun tienen a papi en primer lugar. Es una violación al plan de Dios si todavía pones a tu padre antes que a tu cónyuge. Significa que aún no has asumido por completo el rol de esposa que Dios te ha dado.

Ahora, te tengo una noticia. Para que un matrimonio marche como Dios quiere, un hombre debe cortar los lazos del delantal que lo atan a mamá y una mujer debe cortar los lazos que la atan a papá. Y por favor no digas: «Un esposo puede irse, pero mi papá siempre será mi papá». No, si honras la Palabra de Dios, pues él nunca aprueba el divorcio. Solo lo permite.

El Señor nos dio la explicación cuando se le preguntó sobre el divorcio en Mateo 19:8: «Moisés les permitió divorciarse de su esposa por lo obstinados que son —respondió Jesús—. Pero no fue así desde el principio». Es claro que la intención de Dios es salvar el matrimonio. Él quiere que tu esposo sea tu prioridad número uno. Las esposas que piensan que es correcto poner en riesgo sus votos, podrían terminar de regreso con sus papis.

3. *Autoridad y sujeción van de la mano.* Adoptar el apellido de su esposo es el primer acto de sujeción de una mujer. En los tiempos bíblicos, cuando una persona recibía su nombre, lo recibía de alguien con autoridad.

Por ejemplo, Dios le dio a Adán la autoridad de asignarles nombres a los animales. Fue una clara señal de que Adán tenía autoridad sobre la creación de Dios. Cuando Eva apareció, Dios también le permitió ponerle nombre. Esa fue una señal de la autoridad del hombre sobre la mujer. En consecuencia, cuando una mujer acepta el nombre de su esposo, es un símbolo de sujeción a él.

4. *El cambio de identidad en la mujer remarca la naturaleza perpetua de la sujeción.* Es asunto de duración. ¿Por cuánto tiempo mi esposa debe sujetarse a mí? Todo el tiempo que lleve el apellido Ford. El tiempo se declara de manera verbal cuando se dicen los votos nupciales: «Hasta que la muerte nos separe».

5. *Un cambio de identidad es señal de total compromiso con los principios espirituales del matrimonio.* El hecho de que una esposa adopte el apellido de su esposo en el altar representa los primeros frutos de su compromiso. En otras palabras, es el comienzo de los principios espirituales que la pareja seguirá durante la unión matrimonial.

Por desgracia, a menudo vemos lo siguiente: los cristianos han permitido que el mundo les inyecte sus conceptos seculares del matrimonio y, como resultado, denigran la Palabra de Dios. El orden que él estableció desde el principio está en riesgo. Vivimos en tiempos en que las mujeres «tienen experiencia». Su rol ha evolucionado tanto que preparan sus propios platillos, los fríen y, muy a menudo, se los comen solas.

Esta no es la idea que Dios tenía en mente. Y es triste cuando se rompen los principios de las Escrituras, porque siempre alguien debe pagar el precio. Dios no nos dio estos principios para su propio beneficio, sino para el nuestro. El creó los dos géneros por una razón. No obstante, la realidad es que existe mucha presión sobre las mujeres de hoy, porque están haciendo cosas que Dios nunca las llamó a hacer.

Como cristianos, necesitamos cumplir nuestra tarea y comprender los estándares de Dios. Si queremos ser exitosos, debemos ser cuidadosos en seguir el orden natural que él predeterminó. Siempre digo que Dios le dio al hombre hombros anchos para cargar cosas pesadas y a la mujer, caderas anchas para tener niños. Somos diferentes porque Dios lo diseñó así. Y aún en nuestros días, la manera en que él diseñó las cosas sigue siendo la mejor.

Por ejemplo, Leslie y yo viajamos a Portland porque sirvo como profesor adjunto de la Universidad Bíblica de Cannon Beach. Nos quedamos en un hermoso lugar ubicado justo en el Océano Pacífico. Hay una enorme puerta de vidrio que da a una estupenda chimenea y cuando termino de enseñar en el último grupo de la noche, nos sentamos a disfrutar del magnífico espectáculo que ofrece. Comemos palomitas de maíz, bebemos jugo de uva y hablamos durante horas, mientras contemplamos la vista asombrosa.

El fuego, maravilloso y reluciente, es exquisito. El fuego puede ser muy romántico cuando cumple la función para la cual Dios lo diseñó; pero si encendiera las cortinas, provocaría una tragedia, ¿no es cierto? El fuego es bueno solo cuando se mantiene en el perímetro que Dios estableció en su bondad.

Lo mismo sucede con los principios del matrimonio. Tienen un propósito. Dios desea que disfrutes de la belleza y del romance en tu vida, de manera que te expreses al máximo. Sin embargo, cuando pones tus pies fuera de los perímetros y vas en contra de sus principios, tal como lo hace un incendio fuera de control, necesitas llamar al 911. Si te involucras en un acalorado problema matrimonial, necesitarás ayuda del cielo para extinguir las palabras y los actos feroces. ¿Por qué? El compromiso matrimonial estará en riesgo de quemarse, sin posibilidad de reparo.

Cuando una mujer ama a un hombre, vive a la luz de los principios y hace lo que sea necesario para conducir su matrimonio de acuerdo al plan de Dios.

¿Cuál es tu nombre?

Te presento un ejemplo de cómo las mujeres luchan con la idea de renunciar a su antigua identidad. En una ocasión, una mujer de nuestra congregación me escribió una carta. Ella había escuchado mis enseñanzas acerca de que el primer acto de sujeción de una mujer es adoptar el apellido del esposo. Como resultado, esta hermana tomó la decisión de hacerlo. Confesó que había mantenido su apellido durante treinta años de matrimonio.

Me alegró saber que Dios la había ministrado y que solicitaba adoptar el apellido de su esposo. Finalmente, mencionó algo con lo cual todas las mujeres deben batallar. Admitió que en la época de su boda, jamás le habría hecho caso a mi mensaje porque no hubiera tenido sentido.

Quiero preguntarles algo a todas las mujeres casadas que han escogido identificarse con sus propios apellidos: ¿Cuándo dejarás de vivir como si no le pertenecieras al hombre de tu vida? ¿Cuándo creerás que Dios te ha dado un papel preciso en tu matrimonio? Dios diseñó el matrimonio; como resultado, él estableció los estándares. No existen dos caminos. Abrazar el pensamiento divino es vital para aceptar el compromiso con tu matrimonio.

Eres la mujer para la misión

Durante muchos años de consejería matrimonial, conocí historias impactantes que me llevaron a preguntarme: ¿Por qué algunas mujeres se casan? Mis reflexiones me impulsaron a estudiar a profundidad la Palabra de Dios y concluí que antes de que una mujer en verdad ame a su marido, debe saber cómo cumplir su rol de esposa. Muchas personas entran al matrimonio a ciegas y sin pista alguna de lo que están por enfrentar. No comprenden que es imposible para una mujer tomar decisiones eficientes sobre su relación, si no toma en cuenta el diseño de Dios para una esposa.

Me refiero a ciertos aspectos específicos inherentes al contrato de matrimonio. Cuando Dios te convirtió en la compañera de tu esposo, deseaba que lo completaras y lo complementaras. A medida que cumplas tus responsabilidades, a la luz de estos dos aspectos, contribuirás a que tu matrimonio siga el patrón que Dios ha establecido.

Y para quienes giran en torno a su carrera, aquí tienen el resto de nuestra discusión en forma de hoja de vida.

OBJETIVO

Completar y complementar al esposo.

MUCHOS SON LOS ROLES DE LA ESPOSA

Estoy convencido de lo siguiente: cuando una mujer ama a un hombre de la manera en que Dios lo desea, puede hacer que un mal hombre se convierta en uno bueno. Es más, puede hacer que un hombre bueno se convierta en uno grandioso, solo con aprovechar la oportunidad de edificarlo.

Dios ayuda a la esposa a ser «la ayuda». Dios trabaja aspectos específicos en una mujer, que le permiten completar y complementar a su esposo. Entonces ella se convierte en:

a) Complemento para su esposo
b) Apoyo para su esposo
c) Fortaleza para su esposo
d) Seguridad para su esposo
e) Sustento para su esposo

Lo primero que debes recordar es que Dios desea bendecir a tu esposo solamente a través de ti. Además, esas bendiciones fructíferas también se derramarán sobre ti y tu matrimonio. Cuando la mujer trabaja de forma correcta y el esposo se alinea en la dirección correcta, ambos, juntos, constituyen el matrimonio que Dios tiene en mente. Es algo hermoso.

«Al mando» para completar

Como esposa, tu primera responsabilidad es completar a tu esposo. Si te preguntas qué significa esto, te respondo. Dios busca que actúes como un suplemento. Por ejemplo, quizás eres de las personas que ingieren vitaminas a diario para sumar a tu cuerpo los nutrientes y minerales que pueda necesitar. Algunos doctores recomiendan esta práctica como parte de un régimen adecuado para mantenerse saludable y completo. Si el cuerpo necesita hierro, lo obtendrá de las vitaminas. Las necesidades físicas se completan con la ayuda del suplemento vitamínico.

¿Te das cuenta? Dios nos habla: «Deja de quejarte de lo que le falta a tu esposo. Quizá lo que le falta es lo que tú deberías estar supliendo. Él necesita tu apoyo, tu fuerza para sustentarlo y respaldarlo. Necesita el suplemento que solo una esposa puede brindarle, para sentirse seguro. Estos son los aspectos que constituyen tu papel como ayuda de tu esposo. Te traje a él porque necesita sentirse completo y solo tú puedes darle lo que le falta».

Los hombres tenemos un deseo instintivo que solo una mujer puede satisfacer. Déjame explicarte. Dios dejó una necesidad interna en Adán cuando utilizó una parte de él para crear a Eva. Cuando se la presentó como compañera, Adán recuperó la parte faltante. Volvió a estar completo, no obstante, obtuvo algo más.

La existencia de Eva era un suplemento, una añadidura para Adán. Ella representaba algo más especial. Él consiguió lo que necesitaba porque Eva estaba hecha con lo que se le había perdido. No era solo equipaje; era belleza. Eva no traía dolor, sino bendición; era un regalo de Dios.

A través del matrimonio, Dios trae el complemento para el esposo, es decir, la esposa, su ayuda, su pequeña ezer. ¿Te das cuenta? Cualquiera que sea la necesidad del hombre, ella la suple, porque fue hecha para eso.

Por tanto, si él habla con voz baja, ella hace mucho ruido al hablar; si él hace ruido al hablar, ella habla en voz baja. Si él es introvertido, ella es extrovertida; si él es extrovertido, ella es introvertida. Si él se irrita con rapidez, ella es más tranquila; si ella se irrita con facilidad, él es más tranquilo. Si él no es bueno con las finanzas, ella tiene estudios en eso. Esta es la mejor matemática: la fórmula de Dios dice que *dos* se convierten en *uno*.

Alguien debería apreciar esto y agradecerle a Dios. Él desea que comprendas la bendición de tu matrimonio. El rol de tu esposo es único delante de Dios. También es un canal de bendición, y sin el esposo, nada sucede en el matrimonio. No camina a plenitud. Parece obvio, pero una esposa no puede tener hijos sin un hombre, ¿entiendes a lo que me refiero? ¡Hola! ¿Hay alguien allí?

Hogar dulce hogar

Ya conocemos las distintas formas en que Dios definió los roles de los géneros. Cuando creó a la mujer para bendecir al hombre, le generó la necesidad instintiva de suplir lo necesario para que la relación estuviese completa. Como resultado, una esposa ejemplar de manera intuitiva enfatiza los aspectos de su femineidad que acentúan la masculinidad de su esposo.

En la práctica, nutrir es parte fundamental de su trabajo. Está inscrito en ella. Nutre en todos los aspectos, en especial, en la vida del hogar. ¿Acaso no inicia en el hogar todo lo concerniente al diario vivir? Piénsalo. La vida en el hogar es el núcleo sobre el cual giran las demás actividades. Es el lugar donde comes, duermes, te relajas, te entretienes y revelas tus necesidades personales.

Aunque no solo me refiero a los quehaceres de la casa, es evidente que Dios asignó el cuidado del hogar a la mujer. Desde un punto de vista gerencial, ella se asegura de que la casa marche de forma ordenada y apropiada. Dios equipó a las mujeres con la habilidad innata de crear el ambiente confortable y seguro donde la familia pueda sentirse cuidada y contenta. En la carta a Tito, encontramos instrucciones importantes de lo que Dios quiere para una esposa que apoya a su esposo y cuida de su hogar:

> «A las ancianas, enséñales que sean reverentes en su conducta, y no calumniadoras ni adictas al mucho vino. Deben enseñar lo bueno y aconsejar a las jóvenes a amar a sus esposos y a sus hijos, a ser sensatas y puras, cuidadosas del hogar, bondadosas y sumisas a sus esposos, para que no se hable mal de la Palabra de Dios» (Tito 2:3-5).

El apóstol Pablo instruye a Tito para guardar la ordenanza de Dios y así mantener la vida cristiana intacta. Cuando se dirige a las esposas, deposita sobre las ancianas la responsabilidad de instruir a las jóvenes para que sepan cómo conducirse en sus familias. Además de la amonestación de mantener sus hogares en buena marcha, las instrucciones de Pablo también incluyen aspectos como el trato a los hijos, el buen juicio, las motivaciones puras y la sujeción a sus esposos.

Y lo más importante, la razón por la cual las mujeres deben seguir estas instrucciones es «para que no se hable mal de la Palabra». Debemos enfatizar esto. Invertimos demasiado tiempo en debatir si las mujeres deberían o no trabajar fuera de casa, o quién debería administrar las finanzas, o si lo niños deberían ir a la escuela pública o aprender en casa. El meollo es que las mujeres comprendan y cumplan el rol que Dios les ha dado en el matrimonio. Cuando eso suceda, las demás cosas no tendrán igual importancia, porque la discusión se concentrará en lo que es mejor para la familia. No siempre son las circunstancias adversas las que causan inconvenientes, sino las forman en que decidimos. En otras palabras, Pablo deja claro que este no es un mandato propio, sino que todo se trata de Dios y de cómo honrarlo. Ahora, ¿quién puede argumentar en contra de eso?

Por otro lado, cuando la esposa no muestra estas cualidades, no solo trae reproche sobre su esposo, sino deshonra sobre nuestro Señor, pues desobedece la Palabra de Dios. ¿Quién desea ser culpable de eso?

Las personas siempre tienen su mirada puesta sobre los cristianos para ver si practican lo que predican. Quizá hayas escuchado lo siguiente: «Y dice que es cristiana…». Una esposa se gana este reproche cuando alguien observa su comportamiento impío con su esposo. Podrías escuchar el mismo reproche si su casa no marcha de manera apropiada.

Quizá también hayas escuchado lo siguiente: «Dice que es cristiana, pero tienen la peor actitud que puedas imaginar». Espero que, ante tales acusaciones, podamos responder con un «amén» en lugar de un «ay».

La sola presencia de la esposa en la vida del esposo es suficiente para satisfacer las necesidades de este. Recuerda que si no eres suplemento para tu esposo, terminas por hacerle daño a él y a tu hogar. De acuerdo con el diseño, la manera en que el hombre adquiere su plenitud es a través de ti. Proverbios 19:14 nos dice lo siguiente:

«La casa y el dinero se heredan de los padres, pero la esposa inteligente es un don del Señor».

El rey Salomón escribió estas palabras y dado que tenía mil mujeres, sospecho que conocía un poco sobre esta hermosa especie. Algunos sinónimos de la palabra «inteligente» son: «sensible», «práctico» y «sabio». Salomón señala que es Dios, en su infinita sabiduría, quien con seguridad puede traerte una esposa con estos atributos virtuosos. Por esto, el hombre que toma en cuenta a Dios a la hora de buscar esposa no será decepcionado.

Algunas personas dicen que encontrar una esposa es difícil, pero escuchen lo que el rey Salomón también dice en Proverbios 18:22: «Quien halla esposa halla la felicidad: muestras de su favor le ha dado el Señor».

Así que, señoritas, Dios les ha dado el papel de complementar. Al cumplirlo, tú y tu esposo podrán tener un matrimonio exitoso que crezca en el favor de Dios. Si confías en él como Señor y Salvador, no te defraudará. Dios diseñó el matrimonio así. Ambos podrán cosechar los beneficios que el favor de Dios le da al esposo.

Sin embargo, mantener un hogar cálido y acogedor puede ser un desafío, y sin duda, existen ocasiones en las cuales una esposa prudente recibe el llamado de convertirse en el suplemento de las debilidades del esposo. Es ahí cuando puedes pensar que amar a tu marido como Dios lo desea es una tarea imposible. Y tienes razón, si tomas la responsabilidad tu sola.

Recuerda que Dios conoce las cosas mejor que tú. La única manera exitosa de mostrar amor por alguien cuando todo parece una prueba insuperable es confiar en la gracia de Dios. Tal como el ángel le dijo a María, guarda la palabra en tu corazón: *«Porque para Dios no hay nada imposible»* (Lucas 1:37). Siempre recuerda, Dios es tu ayudador, así como tú eres la ayuda de tu pareja.

«Al mando» para complementar

Por favor, perdóname por el título de esta sección, pero describe el paquete completo del matrimonio. El otro componente vital en el rol de una esposa es complementar a su marido. La palabra se define como «llenar, completar y perfeccionar». ¿No se parece al rol que el Espíritu Santo tiene en nuestras vidas? Como esposa, imitas al Espíritu Santo que viene a tu marido.

Reflexiona en lo que el Santo Espíritu hace con nosotros. Él es el consolador, levanta a los que están en necesidad. Además, nos sostiene en nuestra debilidad, acompaña al oprimido y le infunde la esperanza necesaria. Nos protege de cosas que podrían dañarnos.

También así debe hacer una esposa con su esposo: Brindarle seguridad y apoyo. Después de estar fuera trabajando todo el día, él necesita ánimo y protección de las fuerzas externas. Te lo aseguro, en la sociedad, los hombres han sido castrados. Uno debe tener el doble de fuerzas para llegar a la mitad del recorrido, sufrir palizas, moretones y batallar a lo largo del día.

Los hombres no necesitan llegar a casa y recibir el mismo trato. El hogar debería ser su castillo, un refugio contra la tormenta. Cuando el rey vuelve a su palacio, todos deberían darle la bienvenida. Y ya que la identidad de un hombre está ligada a su vocación, es importante que la mujer que lo ama lo apoye y le asegure que su contribución se valora y se desea. Una mujer que minimiza la contribución de su esposo para con su familia, maximiza su vulnerabilidad de sentirse apreciado en otra parte.

Puede que no sea la pareja perfecta, pero cuando llega a casa de trabajar como un esclavo judío y después de que el mundo le ha pasado encima, es el momento para que su esposa esté a su lado y le hable: «Hola amor, ¿cómo estuvo tu día? Ven y entra, haré de este hogar tu palacio, pues eres el rey. Estás en casa ahora y estoy lista para cuidarte cielo».

Como mujer casada, el deseo de Dios es que seas el complemento de tu esposo. El quiere que le brindes alivio. ¿Te das cuenta? Esposa, cuando cumples el rol asignado, tu relación matrimonial deja de ser un punto muerto. Dios espera que vivan en un matrimonio, no en una acrimonia. La palabra «acrimonia» significa aspereza y amargura en actitud, acciones y en nuestra manera de hablar, lo cual es opuesto a la clase de comunicación que Dios espera.

Parte de tu papel es aminar a tu esposo a cumplir su propósito. Él fue diseñado para ser el que trae la comida a la mesa. Sin embargo, el Señor sabe lo difícil de esto. Dios desea que utilices la creatividad que él te dio para descubrir formas de celebrar a tu hombre. Quiere que lo animes y le des la confianza necesaria. Llénalo de cumplidos, ayúdale a ser mejor esposo, incluso si debes hacerlo por fe por algún tiempo. Te casaste con él por alguna razón. Tenía cualidades que te hicieron desear casarte con él y necesitas recordarlas. Piensa que Dios los diseñó a ambos y él sabía lo que hacía.

Digo esto todo el tiempo: al lado de cada buen hombre, existe una esposa cansada y una suegra sorprendida. Cuando comprendas que tú eres su apoyo, puedes lograr que un hombre bueno se convierta en el hombre grandioso que Dios diseñó. Una mujer que ama a su hombre comprenderá a la conocida artista de música *country*, Tammy Wynette, quien anima a las mujeres a «quedarse al lado de sus hombres».

Déjame darte un ejemplo. El apoyo más fuerte lo recibo de mi esposa. Una noche, cuando cenábamos en un restaurante, nos encontramos con dos hombres de Dios muy distinguidos. Estos caballeros son veteranos en la Palabra de Dios y han batallado en las trincheras de la guerra espiritual, desde antes de que muchos de ustedes nacieran.

Uno de ellos, el doctor Melvin Banks, dijo: «Ahí está el pastor Ford. Le predicó a uno de los ministerios que trabajan en la ciudad y prendió el lugar. Tuvimos que encender el sistema de rociadores para evitar que ardieran en fuego nuestros apuntes». Yo solo me reí. Luego, se dirigió a mi esposa: «Tú ya lo sabes, él es un gran predicador, quizá uno de los más grandes que alguna vez haya escuchado». Mi esposa le respondió: «Lo sé».

Entonces, yo pensé: *Ella no puede decir eso.* Pero aún no había terminado. Ella prosiguió con la respuesta: «Es verdad, estudia y el Señor lo bendice. También es mi maestro favorito». Más tarde, cuando estábamos a solas, le dije: «Amor, esperaba que solo dijeras gracias», entonces ella replicó: «Solo les dije la verdad, eso es todo».

EVITA LAS DIFICULTADES

Déjame ser el primero en decirte que el matrimonio puede requerir trabajo duro. En especial, si intentas hacerlo a la manera de Dios. Para nadie es un secreto que afrontarás oposición. El enemigo no quiere que tengas éxito. Toma tus precauciones y no le entregues municiones con cuales atacarte.

Por ejemplo, observa la historia de David y Mical, en 1 y 2 de Samuel. Las Escrituras presentan lo que ocurre cuando una esposa descuida la responsabilidad de completar y complementar a su pareja. Su falta de lealtad es dolorosa y va en detrimento de su propia vida y del matrimonio que recibió para proteger.

Cuando la historia comenzó, Saúl era el rey de Israel. Había prometido entregar a su hija por mujer al hombre que derrotara al gigante Goliat (1 Samuel 17:25). David fue ese hombre, y lo sabemos bien. A pesar de que Mical se había enamorado de David, Saúl le permitió casarse con él porque sentía celos y esperaba que David muriera pronto. Saúl le tendió una trampa en la batalla contra los filisteos; pero David prevaleció y mató a doscientos hombres, solo para obtener a Mical (1 Samuel 18:27). Así que se casaron.

Después de eso, David y Saúl se convirtieron en archienemigos. Las Escrituras demuestran que la esposa de David le guardaba las espaldas.

«Entonces, Saúl mandó a varios hombres a casa de David, para que lo vigilaran durante la noche y lo mataran al día siguiente. Pero Mical, la esposa de David, le advirtió: "Si no te pones a salvo esta noche, mañana serás hombre muerto"» (1 Samuel 19:11).

Observa que en este verso Mical recibe el título de esposa de David. Ella cuidaba de su esposo, como cualquier esposa lo haría. La seguridad de su marido era su prioridad, por eso le ayudó a escapar de la ira de Saúl, incluso a costa de la relación con su padre. Ella puso a su esposo en primer lugar.

En ese momento, actuó como la ayudadora de su marido. Cooperó con el Espíritu Santo, que protegía a David de los intentos de Saúl para matarlo.

Pero con el tiempo, las cosas cambiaron y apareció el drama. La persecución de Saúl continuó y David siguió fugándose. A la larga, David y Mical se separaron y ella se casó con alguien más. Luego de la muerte de Saúl, David fue proclamado rey y le ordenó a Mical volver con él.

Sin embargo, en ese momento, ella ya no era la devota esposa de su juventud. De hecho, lo despreció. Observa los siguientes versículos que nos revelan la mentalidad de Mical:

«Sucedió que, al entrar el arca del Señor a la Ciudad de David, Mical hija de Saúl se asomó a la ventana; y cuando vio que el rey David estaba saltando y bailando delante del Señor, sintió por él un profundo desprecio [...] Cuando David volvió para bendecir a su familia, Mical, la hija de Saúl, le salió al encuentro y le reprochó: —¡Qué distinguido se ha visto hoy el rey de Israel, desnudándose como un cualquiera en presencia de las esclavas de sus oficiales! David le respondió: —Lo hice en presencia del Señor, quien en vez de escoger a tu padre o a cualquier otro de su familia, me escogió a mí y me hizo gobernante de Israel, que es el pueblo del Señor. De modo que seguiré bailando en presencia del Señor, y me rebajaré más todavía, hasta humillarme completamente. Sin embargo, esas mismas esclavas de quienes hablas me rendirán honores. Y Mical hija de Saúl murió sin haber tenido hijos» (2 Samuel 6:16, 20-23).

¿Cuál es el problema en estos pasajes? ¿Te percataste que tres veces se menciona que Mical era hija de Saúl? Allí está el inconveniente. Las Escrituras dicen que Dios tiene un problema con esto. Mical ya no recibe el título de esposa de David. El relato enfatiza el contraste entre dos actitudes que una esposa puede adoptar en relación a su marido. ¿Por qué Dios reconoce a Mical como la esposa de David al inicio de la relación y luego de ponerse en contra de él, se le llama la hija de Saúl?

¿Qué sucede? Número uno, al principio, ella estaba más comprometida con su esposo que con su padre; y esa es precisamente la manera apropiada en la cual una mujer debería actuar. Cuando su padre quiso matar a David, se dio cuenta de que su obligación principal era su esposo y no su padre, así que fue en contra de él para proteger a su marido. Eso es lo que se espera de una esposa. Ella era la esposa de David y como apoyo, buscaba lo mejor para él. Le hacía bien y no mal.

Número dos. Existe mucha historia entre David y Mical. Pero la gota que derramó el vaso pareció ser la insatisfacción de ella porque David adoraba demasiado a su Dios. Lo miró con desprecio al danzar y alabar a Dios; a sus ojos, el rey hacía el ridículo. Por lo tanto, tres veces, la Biblia dice que ella no actuó más como la esposa de David, sino como la hija de Saúl. De esta manera queda expuesto que su lealtad era para con su padre y no para con su esposo. Mical anidó un odio amargo contra David, el cual también se reflejó en su relación con Dios.

Cuando una mujer ama a un hombre

Quiero agregar que la vida de esta mujer no tenía por qué ser decepcionante. Dios, en su infinita misericordia, hubiera cambiado su situación para reconciliarse con él. No obstante, la Biblia declara que Mical, hija de Saúl, no tuvo hijos. ¿Qué significa esto? Los hijos son una herencia, el fruto del vientre. Así que Dios trató con el irrespeto de Mical para con David y le negó el deseo de cualquier mujer judía: tener un hijo varón. Es trágico, pero Dios cerró su vientre porque ella no actuó de manera correcta con su marido. Desechó el modelo y el papel de esposa que Dios tenía para ella.

Mi oración es para la esposa que quizá necesite pedirle perdón a su marido por la falta de compromiso con él. Si cualquier otra persona puede moverte a hacer algo, excepto él, entonces estamos frente a un problema. En el trabajo, tu jefe solo necesita pedirte algo y te pones manos a la obra. Si tu padre te llama, te levantas y vas. En cambio, si tu esposo solo desea que le prepares un emparedado, le contestas: «Prepáralo tú solo. Tienes dos manos».

Por favor, escucha lo que Dios te dice ahora y hazlo. Mírate al espejo y luego mira el modelo de esposa revelado en la Palabra de Dios. ¿Te pareces? Cuando una mujer ama a un hombre, lo completa. También lo complementa, y así, ambos forman el paquete total diseñado por Dios.

Piensa *en esto*:

1. Antes de leer este capítulo, ¿sabías que la esposa tomaba la identidad del esposo cuando contraía matrimonio?

2. ¿Alguna vez has luchado con la idea de renunciar a tu identidad previa al matrimonio?

3. ¿Cuáles son las diferencias entre el concepto secular del matrimonio y la visión que Dios tiene del mismo?

4. ¿Aceptas la visión bíblica de que la mujer tiene la responsabilidad de guardar el hogar?
5. ¿De qué manera satisfaces la necesidad de apoyo de tu esposo? Según lo estudiado en este capítulo, ¿aprendiste algo nuevo de cómo brindarle seguridad?

Vive *por esto*:

Querido Padre celestial, te agradezco por el regalo del matrimonio. Ahora, te pido que bendigas a cada mujer que lea estas palabras. Oro para que las esposas reciban tu palabra y aprendan cómo cumplir el papel que les has dado. Ayúdales a entender cómo ser reinas y coronas de gloria sobre las cabezas de sus esposos, en el nombre de Cristo, amén.

cuando una
mujer
ama
a un hombre,
se sujeta a su
dirección

Capítulo Tres
La sujeción perfecta

CUENTA UNA HISTORIA que un hombre aceleraba su vehículo en la carretera. Un policía lo persiguió por un par de millas y por fin, lo alcanzó.

Primero, el oficial le dijo: «Hombre, ¿cuál es su problema?». Después de pensarlo, el oficial se retractó: «No diga nada, ni siquiera quiero escucharlo. Ya sé lo que dirá. De hecho, si intenta decirme algo que ya sé, le voy a poner una infracción».

El conductor le respondió: «Oficial, mi esposa se escapó con otro hombre, con un policía. Cuando me di cuenta que usted me perseguía, pensé que intentaba alcanzarme para devolvérmela». El hombre se ganó la infracción.

Esta es una anécdota cómica y a veces es bueno un poco de humor para el alma. No obstante, el matrimonio es asunto serio y Dios no juega con él. Si pudiéramos echar un vistazo dentro de la relación matrimonial del hombre de nuestra anécdota, descubriríamos que sin duda no se alineaba con el diseño de Dios. Cuando los matrimonios caminan en concordancia con el plan divino, la pareja no desea alejarse el uno del otro, ni abandonar su matrimonio. En lugar de ello, están unidos por el vínculo más poderoso entre los humanos de este planeta y permanecen juntos en amor, en las buenas y en las malas.

Ambos cónyuges tiene el rol de mantener el matrimonio en marcha. Entonces, por supuesto, sería erróneo hablar de la mujer ejemplar y de su amor por un hombre, sin incluir la idea de la sujeción. Sé que las mujeres detestan esta palabra, pero es fundamental en la relación de una esposa y un esposo. Porque cuando una mujer ama a un hombre, comprende que la sujeción a la cabeza es parte de su papel.

LA IMAGEN DEL ESPEJO

Antes de seguir con esta discusión, quiero explicar rápidamente el concepto de sujeción. Con lujo de detalles, desarrollo estas ideas en mi libro *Seven Reasons Why God Created Marriage* [Siete razones por las cuales Dios creó el matrimonio], en donde podrán encontrar el orden estructural que Pablo define en 1 Corintios 11:3. Aquí les presento lo que el apóstol escribe: «Ahora bien, quiero que entiendan que Cristo es cabeza de todo hombre, mientras que el hombre es cabeza de la mujer y Dios es cabeza de Cristo». En este pasaje, las Escrituras muestran la Trinidad para ayudarnos a entender la existencia de igualdad entre hombre y mujer, así como también la distinción de papeles. En otras palabras, la pareja de casados tiene igualdad en todos los aspectos, aunque debe cumplir diferentes roles.

De esta manera, la relación del esposo y la esposa se asemeja a la Trinidad. Los tres miembros de Dios son iguales, pero toman roles únicos. Es importante que la pareja entienda esto, porque los miembros de la Trinidad nos muestran la sujeción voluntaria.

Por eso, Pablo expone una comparación entre la Trinidad de Dios y la unión marital.

ES BUENO

Ahora, ¿cuál es el resultado de los actos de Dios? ¿Qué efecto provoca que la mujer se ponga de acuerdo con el hombre? Hemos establecido que la intención de Dios era que el esposo fuese la autoridad de la mujer. Por consecuencia, se exhorta a la mujer a sujetarse a él. 1 Pedro 3:1 lo manifiesta con claridad.

«Asimismo, esposas, sométanse a sus esposos, de modo que si algunos de ellos no creen en la palabra, puedan ser ganados más por el comportamiento de ustedes que por sus palabras».

El apóstol Pedro emite una instrucción específica y no tiene pelos en la lengua: El foco primordial de la esposa es sujetarse al esposo. Además, enfatiza que una mujer debe tomar la responsabilidad de sujetarse, sin importar si el hombre obedece la Palabra de Dios o no.

Sé que en el mundo actual la palabra «sujeción» es una mala palabra compuesta por ocho letras. Pero, de hecho, la palabra hebrea para «sujeción» viene de un término militar cuyo significado es «estar bajo órdenes». Por lo tanto, lo que voy a decir puede sonar poco cordial. La mujer puede entenderlo como machismo y objetar el mandato bíblico.

Cuando veas todas las dimensiones de la sujeción, comprenderás que Dios Todopoderoso fue quien puso al hombre como la autoridad de la mujer. A él debes protestarle. Fue Dios quien decidió que el hombre fuese la cabeza de la relación; se espera que la pareja siga sus órdenes.

Cuando se hacen las cosas de manera apropiada, es decir, de acuerdo con la Palabra de Dios, el balance entre sujeción y autoridad se ejecuta de manera adecuada y resulta placentero. Quizá una ilustración nos ayude a explicar y a entender mejor el pensamiento de Dios. En la Biblia, existe un cuadro de sujeción perfecta y representa la relación divina entre un hombre y su esposa. Según aprendemos de las Escrituras, se espera que una mujer reverencie a su esposo (Efesios 5:33, RVA). La palabra «reverencia», en sentido literal, significa «inclinarse». Ahora, mira el cuadro bíblico. Un esposo que se precie de actuar de forma correcta, le brinda amor y honra a su esposa, la coloca sobre un pedestal. Él la eleva a una posición superior por la manera en que la trata, la única manera de verse cara a cara es por la actitud voluntaria de la esposa de inclinar su cabeza en dirección a él. Cuando comprendes este cuadro, descubres una manera hermosa de llevar el matrimonio.

Con esta imagen en mente, es evidente que Dios no desea que la mujer domine al hombre. En lugar de ello, desea que ella amorosamente se rinda a la dirección del esposo.

Existe otro cuadro bíblico decisivo sobre la sujeción, que también podemos aplicar. Las Escrituras comparan la sujeción de la esposa con la sujeción que la iglesia le debe a la autoridad de Cristo (Efesios 5:24). En otras palabras, si eres una mujer que ama al señor, debes estar dispuesta a sujetarte a la autoridad de Cristo. De manera simultánea, si eres una esposa, no debería existir ningún problema en sujetarte a la autoridad de tu esposo. Para una mujer, ambos actos de sujeción van de la mano.

¿Por qué razón la sujeción al esposo es un componente vital en el matrimonio piadoso? La respuesta la encontramos en la declaración que Pablo nos brinda en 1 Corintios 11:8: «De hecho, el hombre no procede de la mujer, sino la mujer del hombre». La sujeción tiene que ver con la jerarquía de la creación y el propósito que Dios escogió para el hombre y para la mujer. El esposo fue creado para ser la cabeza y la esposa fue diseñada para deferir al esposo de manera voluntaria. La sujeción no tiene nada que ver con superioridad o inferioridad; es el diseño de Dios para el desempeño apropiado de hombres y mujeres.

CONVIERTE A TU ESPOSO EN EL NÚMERO UNO

Cuando una mujer ama a un hombre, su devoción sumisa se pude medir de manera concreta. Sobre todo, Dios espera que la mujer, en su mente, tenga su autoridad divina como algo primordial. Por ejemplo, en cualquier circunstancia donde ella necesite ayuda, la primera persona a la que debería recurrir es a su esposo, no a su mejor amigo ni su pastor. Cuando pides consejo de alguien, muestras que valoras los aportes de esa persona y que confías en su habilidad para guiarte en la dirección correcta. De igual forma, si no buscas el consejo de tu esposo, edificas una barrera de resistencia y lo dejas en silencio. Todo ello obstaculiza la comunicación. Con tus actos envías un mensaje: cualquier otra persona con quien hables tiene mayor credibilidad que tu esposo. Le estás diciendo que no confías en que tenga una respuesta merecedora de tu respeto. En realidad, la mayoría de veces, sabes que su respuesta no es lo que deseas escuchar.

Un hombre es especialmente sensible en este tipo de situaciones, en particular si su esposa busca consejo de otra figura masculina. Todo hombre, en su psiquis, posee el fuerte deseo de ser héroe y ser la persona que solucione cualquier problema o apuro. Necesita saber que su influencia es poderosa y vital en la mujer de su vida. Los hombres están diseñados para reparar cosas y emprender mejoras. Cuando consultas a otro hombre, le niegas a tu esposo la oportunidad de participar en la situación y brindar su valiosa contribución. Le das a entender que no aprecias su cuidado por las cosas y que existe alguien más capaz de cuidarlas. No es la manera de tratar a alguien a quien respetas.

Considera lo siguiente: cuando buscas dirección de otra persona que no es tu marido, ¡de manera indirecta le comunicas que no es suficiente hombre para ti! Por otro lado, al invitarle a ayudarte con las decisiones del día a día, le brindas constantes oportunidades de ser el héroe de tu vida.

La responsabilidad primaria de un esposo es mantener el bienestar de su familia. Con el afán de apoyar y mejorar el desempeño de su marido, una mujer piadosa deja claro que la lealtad a su esposo es su prioridad número uno. Cuando una mujer ama a un hombre, apoya la masculinidad de su pareja y se compromete a darle el primer lugar en su vida.

NO TE INTERPONGAS EN EL CAMINO DE DIOS

Por desgracia, cuando ignoramos el mandato bíblico, podemos tomar un camino alterno para conducir un matrimonio, y eso no es muy bueno. Quizá ya te has dado cuenta de ello porque es común entre muchas parejas. Algo debe andar mal para tener tantos matrimonios cristianos divorciándose.

Del lado de la mujer, la raíz del problema a menudo es la poca voluntad de someterse. Cuando no se practica la sujeción, se enfrenta una profunda disfunción. Si una mujer siente que no puede sujetarse a su esposo por la poca capacidad de este para conducirse, puedo apostar que tal relación padecerá peleas y conflictos.

Cuando una mujer ama a un hombre

Esta es una de las muchas razones por las cuales Dios desea que la esposa reconozca la dirección del esposo. Dios Todopoderoso sabe cómo moldear incluso a un hombre difícil para convertirlo en el hombre que desea. Entre más pronto una mujer se ponga de acuerdo con Dios y coopere con él, más rápido las bendiciones comenzarán a fluir. No digo que será fácil para ella.

Todas las mujeres anhelan ver cambios positivos en sus hombres. Pero la tendencia es que intentan lograrlos en sus propios términos. De hecho, déjame decirte que si haces las cosas así, será contraproducente. Cuando te interpones en el camino de Dios, detienes su obra en la vida de tu pareja. No solo ignoras a tu esposo, sino también a Dios. Dios está formando, moldeando y estructurando las cosas. No es tu trabajo hacerlo. Tampoco es tu trabajo decidir qué clase de hombre debería ser tu esposo. Sujétate a tu hombre y permítele a Dios obrar. Hay un dicho que afirma: «Apártate y observa cómo Dios se mueve». Y existe una canción popular que dice: «Jesús arreglará las cosas, si le permites».

Por otro lado, Dios tiene la libertad de lidiar con tu pareja si no te interpones en su camino. Así que, la mejor forma de producir cambios eficaces, de acuerdo con la Palabra de Dios, es valorar la autoridad de tu esposo. En verdad, es improductivo presionar o arañar, en un intento por hacer que un hombre actúe de la manera que quieres. Piénsalo. Dios no te obliga a comportarte de la forma en que él desea; entonces, ¿por qué piensas que puedes forzar a tu esposo? Dale el honor que se merece y déjale a Dios el resto.

Cuando una mujer ama a un hombre, aprecia quien es él y lo que hace. Dios intenta mostrarte cómo ser un canal para que él trabaje en la vida de tu esposo. Es tan serio que cuando fallas en hacer las cosas a la manera de Dios, tú misma le atas las manos. No puede usarte para traer los cambios positivos que deseas para tu esposo. Pero si haces las cosas a su manera, no te preocupes, según 1 Pedro 3:1, él te cubrirá. Él protege tus espaldas.

Además, necesitas entender que hacer las cosas a la manera divina es imperativo. Recuerda, los mandamientos de Dios no son una opción. Él no te pide acceder, él te dice lo que espera de ti. Aunque no te obliga a sujetarte, existen ciertas bendiciones que obtendrás al hacerlo.

LO QUE CONVIENE

Por si acaso tienes dudas, la pregunta correcta no es «*cuándo* deberías sujetarte» o «*cómo* deberías hacerlo». Si estás casada, Dios quiere que te sujetes a tu esposo todo el tiempo y en todo. Escucha lo que Pablo escribe en Colosenses 3:17-18:

«Y todo lo que hagan, de palabra o de obra, háganlo en el nombre del Señor Jesús, dando gracias a Dios el Padre por medio de él. Esposas, sométanse a sus esposos, como conviene en el Señor».

¿Puedes verlo? Él dice: «Todo lo que hagan». Es tan simple como obedecer al Señor, no obstante, parece ser que los humanos tenemos la tendencia de complicar las cosas. Todo el tiempo que trates a tu esposo como un rey, recuerda que lo haces para complacer a Jesús. Por lo tanto, adelante, sé tan tenaz como para agradecerle a Dios por darte la gracia de hacerlo. Sujétate a las necesidades y expectativas de tu esposo y observa cómo Dios recompensa tu fe, para lograr lo que sería imposible lograr sin él.

La palabra «conveniente» significa «propio, decente y en orden». Sé que algunas personas están pensando: «Espere un momento. No estoy de acuerdo. Mi esposo no es salvo». E incluso, otras podrían preguntar: ¿Qué sucede si tengo un hombre cristiano que no lleva una vida justa? Adivina qué: El Señor Dios no se echa para atrás. La sujeción no es exclusiva para la mujer cristiana, sino para *todas* las mujeres. Este es el problema de la cultura actual. Queremos el derecho de desobedecer a Dios, pero no aceptamos que Dios ejercite su derecho de retener las bendiciones. Actuamos como si tuviéramos el derecho de ser desobedientes y decidir por nosotros mismos cuando queremos alinearnos con los principios divinos. Por lo general, no somos diligentes en hacer lo que conviene en el Señor. Hemos roto el orden que Dios desea en el hogar. Hemos hecho lo mismo en la iglesia. Y también hemos roto el orden de Dios en la sociedad. Es un hecho que muchos de los problemas que las personas enfrentan son el resultado de revertir sus roles, y es tan común verlo suceder en nuestros tiempos.

La comunidad cristiana, no muy distinta de la sociedad en general, también es culpable de cambiar la definición de hombre. Tal como lo mencioné en mi otro libro gemelo *Cuando un hombre ama a una mujer,* las mujeres ya no aprecian la caballerosidad. En lugar de ello, han escogido ser independientes, mujeres del «nuevo milenio». Y la consecuencia de alejarnos del plan original de Dios y de la cantidad de ideas que circulan por ahí es que los hombres deben enfrentar el dilema de su identidad. Y el choque entre ideología y expectativas complicadas tiene a muchos confundidos.

Sin embargo, esto no es novedad, de ninguna manera. El problema viene desde el inicio de la humanidad. Volvamos al libro del Génesis, capítulo 3, y veamos lo que sucedió justo después de la caída. Eva tenía su mano en la cadera en señal de interés, mientras charlaba con el Diablo, algo que no debió hacer en primer lugar.

Cuando vio que el enemigo se aproximaba, debió considerar la siguiente respuesta: «Habla con mi esposo, porque cuando Dios le dio la palabra, yo no estaba presente». En lugar de ello, ella abandonó su rol y su esposo le siguió el paso. Este error desató las fuerzas de la oscuridad sobre la Tierra. Y ahora lidiamos con las consecuencias de sus acciones.

Detente a pensar en el terrible estado de quienes no reflejan los atributos de una mujer ejemplar. Los siguientes versículos nos lo revelan y, además, por desgracia, nos muestran un patrón típico en algunos matrimonios.

«Más vale habitar en un rincón de la azotea que compartir el techo con mujer pendenciera» (Proverbios 21:9).

«Gotera constante en un día lluvioso es la mujer que siempre pelea» (Proverbios 17:15).

Un predicador lo describió de la siguiente manera: «Ay del hogar donde la gallina cacarea más que el gallo». ¡Um!

EN BUSCA DE PROTECCIÓN

Para comprender lo que impulsa a un hombre a alejarse de una mujer y buscar los brazos de otra, consideremos la vida de Sansón. Encontramos la historia en el libro de Jueces, capítulo 16. Sin bien es cierto que un ángel del Señor se le apareció a los padres de Sansón, antes de que él naciera, y les proclamó que su hijo llevaría una vida como nazareo, Sansón enfrentó muchos problemas con las mujeres, como dicen por allí (las amaba y las abandonaba).

La mayor parte del tiempo, Sansón vivió con rebeldía y despreocupación, incluso al punto de casarse con una mujer filistea sin el consentimiento de sus padres. La Biblia dice que se sintió atraído por ella porque era agradable a sus ojos (Jueces 14:3). Es otra manera de decir que la quería porque era bonita. Imagínate, el pueblo de donde provenía, los filisteos, eran enemigos de los israelitas en ese tiempo.

La Biblia ni siquiera nos menciona cómo le fue en ese matrimonio, pero sí nos dice que él siguió con su vida. De sus siguientes escapes, descritos en Jueces 16:1, solo podemos imaginar las razones que tuvo para establecer relaciones con prostitutas filisteas.

Sin embargo, hay algo que me llama la atención. Me pregunto por qué Sansón se unió con Dalila. Era otra mujer filistea, pero la Biblia nunca dice que fuera bonita. De haberlo sido, lo mencionaría, tal como lo hace con otras mujeres hermosas. Por ejemplo, Génesis 24:16 nos describe la belleza de Rebeca. También se describe como justa.

Pero, ¿qué sucede con Dalila? Soy inquisitivo y me puse a estudiar las Escrituras porque me interesó saber qué había pasado en esta relación. ¿Por qué Sansón quiso estar con ella?

Esto es lo que descubrí: no fue su belleza ni su cuerpo. El texto dice que Sansón iba a la casa de Dalila, recostaba la cabeza en su regazo y ella le acariciaba el cabello. Eso es todo; el hermano encontró paz en la casa de esta mujer.

¿Sabes que la mayoría de las aventuras no tienen relación alguna con sexo o belleza? ¿Alguna vez te has preguntado qué impulsa a un hombre a serle infiel a su esposa? Un hombre tiene una aventura y las personas preguntan: «¿Y le fue infiel con *ella*?». No se trata de la apariencia.

Por favor, no me mal entiendas. No estoy dando una excusa. Cuando pecamos, estamos equivocados. No existen caminos alternativos para eso. Solo intento dar una explicación razonable de porqué surge la infidelidad; una explicación que deberías considerar.

En el caso de Sansón, siempre que estaba en Israel, los filisteos lo provocaban. Vivía en constante batalla con ellos. Pero al final del día, parece que solo existía un lugar donde podía recostar su cabeza y descansar. En realidad, con esta historia comprendemos que para aliviar el dolor de un hombre se necesitan más que labios, caderas y caricias. Dalila se convirtió en fuente de frescura y restauración para él. De hecho, Sansón se sentía tan confortable que fácilmente se recostaba en su regazo. No era necesario mantenerse en guardia para la próxima batalla.

Este es el punto. La Biblia dice que un hombre necesita este tipo de consuelo de parte de su esposa. Si no es así, él podría encontrarlo en otro lugar.

EVADE UNA TRAMPA LETAL

Ahora, comprendamos el contexto del título de esta sección. No quiero que pienses que apruebo la infidelidad. Creo, para empezar, que la mujer no tiene ninguna culpa si su marido tiene una aventura extramatrimonial. Además, ella no debería permitirle poner esa culpa sobre sus hombros. Tampoco hablo sobre lo que he leído en un libro, hablo de mi propia experiencia. No ataco a nadie.

Solo quiero que las esposas se den cuenta del otro lado de la moneda. El hecho es que la mayoría de las aventuras no comienzan con el sexo. Alguien podría preguntar: ¿Entonces de qué se trata? ¿Qué ve un hombre en otra mujer? Y ciertamente, cualquier mujer, cuyo esposo haya tenido la desdicha de caer presa de una aventura, desea saber la respuesta. En la mayor parte de casos, la otra mujer no es tan atractiva como la esposa y esto es muy difícil de comprender.

Entonces, en ocasiones, no se trata de la apariencia de la otra mujer o de lo que ella ofrece. Se trata de cómo lo hace sentir. Esa es la realidad. Además, la falta de sujeción por parte de la esposa puede ser el origen de los problemas en la relación. Por supuesto, no es lo único que podría estar mal, pero la sujeción se ubica al centro del matrimonio. Es un hecho y no podemos negarlo.

Cuando un matrimonio sufre falta de sujeción, las consecuencias pueden ser problemáticas. Para ilustrar mi punto, considera el siguiente escenario, que no solo es un asunto recurrente en las series de comedia de la televisión, sino también en la vida real.

El esposo llega a casa y ve a su esposa en sandalias, con una sábana por vestido y una bufanda alrededor del cuello.

Y después de un largo día en la oficina, le pregunta: «¿Está lista la cena?». Entonces, ella responde: «Lo estará cuando te compres una». Después de pasar viendo novelas y programas de telerrealidad casi todo el día, ella se queja por los niños; el cansancio la agobia y quiere que él pase tiempo con ellos.

Al siguiente día, él regresa a la oficina después de pasar una noche como esa. Una de sus compañeras jóvenes se da cuenta de su desánimo y le pregunta: «¿Qué te sucede?».

Él suspira y dice: «Ah, nada… nada». Pero ella de inmediato detecta que algo anda mal y desea animarlo. Le dice cuán valioso es en la oficina. «¿Lo soy?», pregunta él. Entonces, recibe la respuesta: «Sí, nos alegra que estés aquí. Pero no nos gusta verte deprimido. Nos sentimos preocupados por ti».

Al principio, él se siente renuente a expresar sus problemas, pero de pronto, abre su corazón. Entre más habla, más se da cuenta de que por fin alguien quiere escuchar lo que tiene que decir. Alguien que al parecer está interesada en él y sus pensamientos.

La mayor parte del tiempo, él solo escucha; ahora, tiene la oportunidad de hablar. Entonces, dice: «Muy bien, es un asunto personal. He tenido problemas con mi esposa últimamente. Ella dice que yo no hago esto o aquello».

La joven lo observa con sinceridad y compasión. Y le pregunta: «¿Qué le sucede a esa mujer? No me malentiendas, pero todas las chicas de aquí dicen que realmente eres una buena persona. Date cuenta que te aprecio con sinceridad y que he estado observando tu trabajo. De verdad, creo que subirás en esta compañía».

A la mañana siguiente, él encuentra una hermosa tarjeta en su escritorio. Tiene años de no ver una. Dice: *eres especial. Solo quiero que sepas que alguien se preocupa por ti.* Cuando la abre para ver la firma, siente un delicioso perfume. Tiene mucho tiempo de no disfrutar de algo así. La firma se lee: *Y.S.Q.S.* (Ya sabes quién soy).

Es cierto, no siempre las cosas suceden así. No obstante, muchas infidelidades comienzan de esa manera.

Por lo general, los hombres están expuestos a las compañeras de trabajo que visten de manera atractiva y tienen una personalidad agradable. Las ven a su alrededor, es inevitable. Pueden decepcionarse al salir de este ambiente, donde han estado todo el día, y encontrarse con una esposa regañona que se queja de estar cansada y todavía más, si no ha preparado la cena. Estas situaciones tienen el potencial de ser problemáticas. Lo siguiente es que la mujer le hace una propuesta: «¿Puedo invitarte a almorzar?».

No me malentiendas. No culpo a la esposa por el pecado del esposo. Solo quiero hacerle entender a las mujeres que las aventuras no siempre comienzan con el sexo, ni con la intención de involucrarse. El hombre se siente valorado, le gusta y decide que desea más. Tú decides: ¿quién crees que es más atractiva, una esposa que no deja de regañar o una mujer bonita que sabe escuchar?

ZONA PELIGROSA

Queridas hermanas, en cualquier cosa que hagan, tengan cuidado de no engañarse a sí mismas. Según la Palabra de Dios, en Efesios 5; 1 Pedro 3 y Colosenses 3, una mujer que no se sujeta a su esposo, sin importar lo espiritual que crea ser (de hecho no lo es), no está sujeta al Señor. La Biblia lo dice. Siempre y cuando el esposo no le pida hacer algo en contra de la Palabra de Dios, ella debe sujetarse. Nueve de cada diez cosas que el hombre le pide a la mujer no van en contra de la Biblia; puede que sean incómodas o desagradables, pero no en contra de la Biblia. Si ella no escucha a su marido, no está en sujeción a Cristo.

Quizá sea tiempo de examinar tu relación matrimonial. Quizá descubras que no eres tan espiritual como pensabas.

Considera este ejemplo. Cuando voy por una autopista, veo las señales que indican la velocidad máxima de treinta millas por hora. Pero admito que, en ocasiones, mi pie derecho no actúa como creyente. De alguna manera, pierde su salvación y termino sobrepasando la velocidad máxima. Olvido que esa señal está allí con un propósito. Me indica las leyes de tránsito del Estado. Cuando no me sujeto y violo una de esas leyes, atestiguo que no soy un buen ciudadano. ¿Estoy en lo correcto? Tampoco puedo culpar al Estado por mi desobediencia.

En referencia a la cadena de autoridad establecida por Dios, considera a tu esposo como una señal en el camino. El Estado representa al Señor Jesucristo. Si no te sujetas a tu esposo, no solo violas la autoridad dada por Dios, sino también una autoridad superior, es decir, los mandamientos del Señor. Y eso trae consecuencias.

TERRENO PARA EL DIVORCIO

Creo que Gloria Steinem, activista por mucho tiempo y feminista, lo dijo a la perfección: «Por fin, las mujeres nos hemos convertido en el hombre con quien nos gustaría casarnos». Quizá esto explique por qué muchos sufren.

Déjame compartirte un secreto bien guardado y, por favor, entiende que no intento ser rudo o áspero. Es difícil pero es correcto, y es el siguiente: algunas mujeres no pueden vivir con sus maridos porque rehúsan divorciarse de sí mismas. El egocentrismo no es característico de una mujer ejemplar. Esa actitud no le permite a una mujer construir las bases sólidas necesarias para un matrimonio fuerte.

Quizá no sea muy popular hablar de esto, pero al centro del problema hay una resistencia de las mujeres de rendir el control de sus vidas a otro ser humano. Las esposas y potenciales esposas necesitan entender que debe existir una separación entre su vida antigua y la nueva. La fórmula del éxito exige compromiso y sacrificio total, saturado de amor incondicional.

Es una pena que algunas mujeres no han entendido bien esta verdad del matrimonio. Pero Dios espera que las esposas renuncien al control que tuvieron cuando eran solteras y se lo entreguen a sus maridos, para bendecir sus matrimonios tal como él lo desea.

Cuando una mujer ama a un hombre

Por eso la ruptura de un matrimonio es una tragedia real, pues no representa la manera en que Dios hace las cosas. Cuando una mujer ama a un hombre, tiene la necesidad primordial de mantenerse alineada con aquel que la diseñó. Entre más proteja su relación con el Padre celestial, más capacidad recibirá para hacer su parte en el matrimonio. Para ese fin, una mujer ejemplar y sabia hace que las Escrituras sean parte de su diario vivir.

«Por eso oramos constantemente por ustedes, para que nuestro Dios los considere dignos del llamamiento que les ha hecho, y por su poder perfeccione toda disposición al bien y toda obra que realicen por la fe. Oramos así, de modo que el nombre de nuestro Señor Jesús sea glorificado por medio de ustedes, y ustedes por él, conforme a la gracia de nuestro Dios y del Señor Jesucristo» (2 Tesalonicenses 1:11-12).

No hay nada más poderoso y precioso que las oraciones que están en las Escrituras, pues son inspiradas por el Espíritu Santo que conoce nuestras necesidades y sabe cómo orar por nosotros. Si quieres enfocarte en tu matrimonio y protegerlo de la amenaza del divorcio, deja que las palabras de la oración de Tesalonicenses se hagan realidad en tu vida.

Quisiera hablarte más sobre el divorcio. Te presento una ilustración de algo que necesitas saber. Por cierto, la razón por la cual te doy muchas ilustraciones es porque Dios nos ha dado abundantes imágenes sobre la vida que ha creado para nosotros. Estas son herramientas invaluables para ayudarnos a conocer mejor al Señor. Aquí tienes la enseñanza bíblica sobre el divorcio.

Durante el ministerio de Jesús, existía un debate sobre el divorcio entre dos escuelas de pensamiento. La discusión se centraba en «si un hombre podía divorciarse de su esposa por cualquier razón». En un lado del debate, estaba el Rabino Hilel, y al otro, defendiendo su posición, el Rabino Shamai.

El Rabino Hilel sostenía y representaba la perspectiva literal de que cualquier hombre podía divorciarse de su esposa, por casi cualquier razón. Según su razonamiento, un hombre tenía suficientes razones para divorciarse si la esposa hacía lo siguiente:

- Quemar la cena
- Agregar mucha sal en la cena
- Pasear en la calle y mostrar sus rodillas
- Soltarse el cabello sin el consentimiento del esposo
- Hablar con un hombre en público
- Hablar de forma descortés de su suegra
- Levantar la voz de manera que las personas al otro lado de la pared la pudieran escuchar.

Sin duda, el Rabino Hilel enfrentaría serios problemas con la libertad de las mujeres si viviera en nuestros tiempos. Tendría que repensar sus argumentos si estuviera vivo. Sin embargo, estas eran las ideas que promovía. Además, la mayoría de hombres de su época concordaba con él y estaba presta a deshacerse de sus esposas. Algunos apoyaban estas ideas sin saber de donde provenían. Incluso hoy, creo que algunos hombres estarían de acuerdo con Hilel.

Por otro lado, también existía una opinión diferente. El Rabino Shamai sostenía que un hombre solo podía divorciarse por problemas de inmoralidad.

Cuando Jesús apareció en la escena de Mateo 19, no adoptó ninguna de las posiciones descritas. Alguien le preguntó su opinión y él respondió:

«¿No han leído —replicó Jesús— que en el principio el Creador "los hizo hombre y mujer", y dijo: "Por eso dejará el hombre a su padre y a su madre, y se unirá a su esposa, y los dos llegarán a ser un solo cuerpo"? Así que ya no son dos, sino uno solo. Por tanto, lo que Dios ha unido, que no lo separe el hombre» (Mateo 19:4-6).

Jesús ha sido el mejor maestro que ha caminado sobre la Tierra. No les dio una simple opinión. Acabó con la disputa, cuando señaló que la Palabra de Dios era la fuente de toda sabiduría y verdad. Lo primero que respondió fue: «¿No han leído?». La respuesta fue simple pero poderosa. Su mensaje fue profundo. Si las personas querían saber sobre el divorcio, no tenían que tomar consejos de personajes como Hilel o Shamai; debían ir directamente al diseño divino para solucionar cualquier asunto relacionado con el matrimonio.

Jesús aquí estableció el ejemplo definitivo para ellos: Si quieres saber cómo debería ser un matrimonio y las razones aceptables para disolverlo, no hables con ningún hombre, consulta con el Diseñador divino de la institución del matrimonio. Los dirige de vuelta al fundamento, para resolver el debate; porque ningún hombre puede argumentar contra la Palabra de Dios (y ganar).

Y dado que Dios es perfección, diseñó la perfecta institución del matrimonio. Cuando el elemento humano apareció en la escena, las cosas se sumergieron en el caos. Pero no te preocupes, la Biblia está aquí para mantenernos en la dirección correcta y sostenernos de caer en el abismo sin fondo de la desesperanza, que a su vez puede llevar a una pareja al divorcio.

La respuesta que necesitaban las personas de épocas antiguas se encuentra registrada en el libro del Génesis, y está allí para nosotros también. Jesús nos instruye a volver al plan divino y a escuchar la Palabra de Dios. Es un mensaje para todos nosotros. Antes o después de casarte, aprende lo que Dios tiene que decir al respecto. Y cuida de dividir de manera correcta la Biblia, estúdiala, medita en ella, escucha su voz mientras lees; de manera que adoptes sus palabras y no lo que tú quieres que las Escrituras digan. Estarás en mejores condiciones de tener un matrimonio saludable, feliz y piadoso. Y ese es el diseño de Dios para ti.

VIVE LO QUE HABLAS

Un predicador dijo que preferiría ver un sermón sobre el matrimonio que escuchar uno todos los días. Preferiría que alguien caminara con él, a que solo le mostrara el camino. Aprendería cómo hacer las cosas, si alguien le permitiera ver como se hacen. Le gustaría ver las manos de los demás en acción, pero en lugar de eso, sus lenguas se mueven con rapidez. Finalmente, las enseñanzas son sabias y verdaderas, pero preferiría aprender las lecciones al observar lo que la persona hace.

Estoy completamente de acuerdo con estas declaraciones. Quizá no te comprenda como persona ni comprenda tus consejos, pero no hay malos entendidos cuando veo cómo actúas y cómo vives.

Tu relación de matrimonio tiene el potencial de ser una epístola viviente que los demás puedan ver y de la cual puedan aprender. De hecho, existen cinco evangelios. Y dado que algunas personas jamás leerán Mateo, Marcos, Lucas y Juan, ¿qué buenas nuevas pueden recibir? Si no crees esto, considera, ¿de dónde vienen tus opiniones, principios morales y perspectivas de vida? ¿Qué es lo que más recuerdas: lo que viste o lo que escuchaste?

DOS MALES NO HACEN UN BIEN

Dices que amas al Señor. Si la sujeción te causa preocupación, quizá necesites el ánimo de tus hermanas en el Señor. Recuerda la historia de Ana, en el primer libro de Samuel. Considera la manera en que se sujetó a su marido en circunstancias desalentadoras. No permitió que nada se interpusiera en su fe en el Señor, ni siquiera la desobediencia de su esposo.

¿Te das cuenta? Aunque su esposo estaba involucrado, ella necesitaba algo que solo Dios podía darle. Lo más deseado en la vida para Ana era tener un hijo. Pero requirió de fe diligente y ardua paciencia para obtener la bendición. La Biblia dice que se regocijó en la salvación del Señor (1 Samuel 2:1), porque él le concedió su petición y le respondió.

Ana estaba casada con Elcaná, quien por cierto tenía dos esposas. No es sorprendente que su nombre signifique «gracia disponible». Con dos esposas, necesitaba de la gracia.

Ana era su primera esposa y Penina, la segunda. Mientras avanzas en la historia, ves que Penina irrespetaba a Ana. Todo era resultado del pecado de su esposo, pues se había casado con dos mujeres. Con esta tragedia en su vida, 1 Samuel 1:6 nos revela que Ana era estéril. Y para aumentar el disgusto, Penina tenía hijos y representaba un enorme «melodrama». Utilizaba cualquier ocasión para alardear de que podía darle hijos a su esposo y Ana no.

Pero no olvides la parte esencial de la historia. Las Escrituras no indican que Ana amargó a su esposo con su aflicción. Podía quejarse: «Tienes otra esposa y ella me molesta porque no tengo hijos». Podía iniciar toda una saga de pleitos. Pero en lugar de eso, observa su comportamiento. Se sujetó a su esposo aun cuando estaba equivocado. También observa que lo hizo de forma genuina. Sujeción no es obedecer a tu esposo y luego, recordarle que te has sujetado. Ana no le reprochó a su marido su falta de sensatez al tener dos esposas. No llamó a su mejor amiga para hablar de lo bajo que Elcaná había caído y comerse viva a la mujerzuela de Penina. No habló mal de ninguno de los dos. Se sujetó a su esposo sin recordarle que lo hacía. No iba en busca del premio a la mujer del año por sujetarse aun cuando no sacaba la mejor parte. Finalmente, por su obediencia a su palabra, Dios cumplió su máximo deseo: tener un hijo.

HAZLO A LA MANERA DE DIOS

El apóstol Pedro brinda palabras de sabiduría a las esposas (y a las que aspiran a serlo). Si las toman con el corazón y las aplican de manera diligente, pueden ayudarles a convertirse en el tipo de esposa que agrada a Dios:

«Así mismo, esposas, sométanse a sus esposos, de modo que si algunos de ellos no creen en la palabra, puedan ser ganados más por el comportamiento de ustedes que por sus palabras, al observar su conducta íntegra y respetuosa. Que la belleza de ustedes no sea la externa, que consiste en adornos tales como peinados ostentosos, joyas de oro y vestidos lujosos. Que su belleza sea más bien la incorruptible, la que procede de lo íntimo del corazón y consiste en un espíritu suave y apacible. Esta sí que tiene mucho valor delante de Dios.

Así se adornaban en tiempos antiguos las santas mujeres que esperaban en Dios, cada una sumisa a su esposo. Tal es el caso de Sara, que obedecía a Abraham y lo llamaba su señor. Ustedes son hijas de ella si hacen el bien y viven sin ningún temor» (1 Pedro 3:1-6).

Esta es la receta divina de cómo una esposa debería honrar y reverenciar a su esposo, ya sea salvo o no. Primero, me gustaría señalar algo, para no convertirme en tropiezo. En el versículo 3, Pedro no dice que una mujer debe ignorar su apariencia personal; solo enfatiza que la belleza externa por sí sola no es suficiente. Recuerda lo que hablamos antes, ningún hombre quiere llegar a casa y encontrar a su esposa con apariencia descuidada. Píntate los labios, aplícate delineador en los párpados y máscara en las pestañas. Arréglate el cabello y viste algo con lo cual puedas salir de casa.

El texto dice que lo importante es lo que hay dentro del corazón de una mujer. Luego, presenta a las mujeres de la antigüedad como ejemplo. Además de tener sus esperanzas puestas en Dios, ellas adornaban su exterior. Por lo tanto no se trata solo de la apariencia. Eran agradables a Dios porque se sujetaban a sus esposos.

Respecto a la sujeción, la Palabra de Dios dice que estas mujeres llamaban a sus maridos «señor», cuyo significado es «líder» o «jefe». Por ejemplo, Sara llamaba a Abraham «señor», por el gran respeto que le tenía (Génesis 18:12). Aun cuando, en ocasiones, él actuó de manera cuestionable en relación a su matrimonio, Sara mantuvo el aprecio por su esposo. No permitió que el comportamiento de Abraham la disuadiera de hacer lo correcto. Su fe en Dios le brindó la fortaleza para sujetarse a él.

Quizá no le resultó fácil, así como tampoco lo es hoy para una mujer. Sin embargo, las Escrituras confirman que Sara recibió la recompensa por su conducta de mujer ejemplar y fiel.

«Por la fe Abraham, a pesar de su avanzada edad y de que Sara misma era estéril, recibió fuerza para tener hijos, porque consideró fiel al que le había hecho la promesa» (Hebreos 11:11).

Saca tus propias conclusiones. Cuando Sara escuchó la promesa divina, creyó en la fidelidad de Dios. Como resultado, confió en Dios y se sujetó a su esposo, pues sabía que era lo correcto. Quizá le tomó tiempo, pero hizo lo que Dios esperaba de ella y él cumplió su promesa. Contra todo pronóstico, Dios le concedió el tan esperado hijo, Isaac (Génesis 21:1-7).

¿Te das cuenta de lo que pasa? Algunas mujeres necesitan comprenderlo y aplicarlo a sus vidas. La razón por la cual Dios todavía no ha obrado milagros en tu matrimonio, ni ha entrado en escena para trabajar en tu hombre, es porque no te has sujetado a la autoridad de tu esposo. En su lugar, intentas manipularlo para que haga las cosas a tu manera. O lo destruyes, no solo con tus palabras, sino con tus actos. Debes recordar que la sujeción no es superficial, Dios mira de modo directo al corazón.

Hasta que Dios no te vea reconocer el liderazgo de tu esposo, tendrá las manos atadas y no podrá darte los cambios que esperas en tu pareja. No te engañes, ni caigas en la trampa de hacer el trabajo de Dios, más bien permítele cambiar a tu esposo, algo que todas maneras es imposible para ti. Ten cuidado de no convertirte en la asistente de Dios para transformar a tu marido, él no necesita de tu ayuda. Él creó el universo sin ti, así que, en definitiva, puede hacerlo solo. Sujétate, cumple tu llamado y sé testigo de los milagros que Dios obrará en tu favor.

Hay demasiadas cosas en riesgo, pues tu matrimonio es precioso a los ojos de Dios. Deja de intentar bendecirte a ti misma. Si deseas buenos resultados, debes hacer las cosas a la manera de Dios. Cuando te alineas con él, entonces y solo entonces, los canales apropiados de autoridad se abren y las bendiciones divinas comienzan a fluir hacia ti y a través de ti.

Por supuesto, no todas las mujeres esperan el mismo tipo de bendición que Sara. Pero no existen matrimonios perfectos y, por ende, cada esposa tiene un deseo particular para su relación matrimonial y espera que Dios se lo conceda.

Ahora escúchame, sé que puedes replicar: «Está loco si piensa que voy a soportar todo y dejar que Dios transforme a mi marido cuando esté listo». Cambia tu manera de pensar en relación a esto y adopta la perspectiva de Dios. No se trata de soportar todo, si no de honrar a Dios. Recuerda, Pablo escribe en Colosenses que debemos hacer todo como para el Señor; esto incluye sujetarte a tu esposo. La palabra de Dios le ordena a la esposa sujetarse a su marido y la única manera en que una mujer puede satisfacer las expectativas divinas es rindiéndose al poder de Dios.

Sujétate primero a Cristo y luego a tu marido. En la autoridad y la integridad de la Palabra, eso es lo que conviene, lo decente, lo apropiado y ordenado. Y créeme, si haces tu parte, puedes confiar en que Dios hará el resto.

Como apunte final, cito al pastor Tony Evans, pues estoy por completo de acuerdo con él. Algunas mujeres necesitan volver a casa y confesarle a sus esposos lo siguiente: «Cielo, quiero pedirte perdón. Mis desacuerdos contigo me han llevado a irrespetarte y no estoy en lo correcto. Hoy, reconozco la posición de liderazgo que Dios te ha dado en esta casa, mi señor».

Cuando una mujer ama a un hombre, lo haces sentir como Dios desea. Se sujeta a su liderazgo. Acepta y aprecia quien es él y lo que hace. Inténtalo e imita a Sara. Llámalo «señor» y deja que Dios trabaje con sus faltas. No te interpongas y pídele a Dios que te brinde su poder. Verás sus obras para bendición de tu matrimonio.

Piensa *en esto*:

1. ¿Por qué es difícil para las mujeres sujetarse a sus esposos? ¿Cuáles son las razones?
2. Recuerda la analogía de la Trinidad y la relación matrimonial. ¿Te ayudó a comprender tu rol de esposa? ¿Por qué?
3. En tu relación personal, ¿cómo evitas que tu rol y el de tu marido choquen?
4. ¿Tienen desacuerdos en la forma en que marcha su matrimonio?
5. ¿Sostienen charlas saludables para facilitar sus respectivos roles?

Vive *por esto*:

Querido Padre celestial, te pido que preserves el matrimonio de cada mujer que tiene el deseo de agradarte y ser una esposa ejemplar. Ayúdales a comprender que el mandato de la sujeción fue diseñado para bendición de sus vidas. De acuerdo con tu divino plan, muéstrale a cada mujer cómo sujetarse a la dirección de su esposo, como si se sujetara a ti en última instancia. En el nombre de Cristo, Así sea.

Capítulo Cuatro
Aprecio es la clave

UNA MUJER ACOMPAÑÓ a su esposo a su chequeo médico anual. El doctor llevó a cabo las pruebas de rigor: revisó la presión sanguínea, tomó algunas muestras de sangre, escuchó los latidos del corazón y examinó la garganta y los oídos. El hombre notó el rostro preocupado del médico, pero este no dijo nada, sino hasta después de terminar la consulta.

Mientras el paciente se vestía, el doctor habló con la esposa. Frunció el ceño y de manera sobria preguntó:

—¿Ama a su esposo?

—Sí, por supuesto —contestó.

—Muy bien, quiero informarle que si usted no hace lo que le pido, él morirá pronto.

—Muy bien, ¿qué debo hacer? —replicó ella en tono serio—, necesito saber. Lo amo y no quiero que muera.

—Cada mañana, él debe ingerir un desayuno caliente. Nada de cereal ni leche fría. Dele huevos con tocino o salchichas. Acompáñelo con panecillos, maíz machacado y pedacitos de papa horneada. Es crucial que se alimente así todos los días. Además, si regresa a casa para la hora del almuerzo, no puede comerse solo un sándwich de algún restaurante de comida rápida. Tiene que organizarse y no darle comida recalentada, así él podrá disfrutar alimentos saludables con todos los nutrientes que necesita.

»Para el almuerzo, nunca le sirva comida preparada en el microondas. Todo debe ser fresco; ninguno de los ingredientes debe provenir de cajas o latas. Asegúrese de que cada comida contenga todos los grupos alimenticios. Se lo pido con seriedad, debe cuidar de él de manera excepcional. Y permítame agregar que su esposo es altamente susceptible a los gérmenes, por lo tanto, de ninguna manera tolere que ande por allí con basura a su alrededor. Debe sacudir la casa y mantenerla limpia de manera inmaculada, porque el polvo contiene gérmenes dañinos. Quiere decir que usted necesita sacudir al menos dos o tres veces a la semana. Mantenga todo limpio en extremo.

—Sí, doctor —respondió la esposa, luego de escuchar las instrucciones.

Cuando iban de regreso a casa, el esposo preguntó: «Te vi hablar con el doctor, ¿qué te dijo?». La esposa respondió con tristeza: «Que sin duda, morirás».

APRECIAR ES LA PALABRA

¿Te das cuenta? El problema de la mujer en la historia anterior era la facilidad de confesar su amor, pero sin poder respaldarlo con acciones. No comprendía que podía dar sin sentir amor, pero que era imposible amar sin dar. Esta esposa, equivocada, decía amar a su marido; pero cuando las cosas se pusieron difíciles, fue obvio que no le pudo dar amor. En resumen, reaccionó de manera egoísta.

¿Cuál era el problema? Me gusta decirlo así: la flor de la bondad humana se había marchitado en ella; de hecho, se había echado a perder por completo. Le faltaba una palabra en su vocabulario, y por ende, no se manifestaba en sus actos. La palabra era «apreciar». El diccionario *Webster* la define como «mantener y cultivar, con atención y afecto». A partir de esta definición, apreciar a alguien es muy distinto a proceder según motivaciones egoístas.

Digamos la verdad: una esposa puede actuar de forma egoísta con su esposo, sin siquiera darse cuenta. Esto puede suceder si no experimenta una transición crucial antes de pronunciar sus votos nupciales. Dicho de otra manera, si no ocurre un cambio en su psiquis para dejar de pensar como una mujer soltera y actuar como una mujer piadosa, no abandonará el pensamiento egoísta.

Un elemento clave en la preparación para el matrimonio es la relación con Dios. Esta le permitirá diferenciar su mentalidad de mujer soltera y la mentalidad de mujer ejemplar. Entre más se comprometa con el Señor, más fuerte será su convicción para hacer que su matrimonio marche de acuerdo con el diseño de Dios.

Reconozco que lo siguiente puede parecer duro, así que por favor no lo tomes como *mi* mensaje; yo solo soy el mensajero. Según la Biblia, existen dos posiciones opuestas en torno al rol de la esposa. Las Escrituras dicen que una mujer puede ser una corona para su marido o un cáncer que consume su vida.

La Palabra de Dios tiene la autoridad de revelarte la diferencia entre estos dos extremos conflictivos. Esto viene directamente de las Escrituras: «La mujer ejemplar es corona de su esposo; la desvergonzada es carcoma en los huesos» (Proverbios 12:4).

La segunda parte de este versículo es dura, pero también es una realidad escrita hasta en el cielo. Por lo tanto, ¿cuál de los dos extremos crees que prefiere tu esposo? O ¿cuál de los dos le beneficia? Una esposa puede traer sanidad o encender el infierno; puede dar cumplidos o repartir quejas; puede nutrir o regañar; puede ser de ayuda o servir de obstáculo.

Dios le da especial importancia a la esposa que escoge ser corona de su marido. Una corona se utiliza con orgullo. Quizá te preguntes por qué tu esposo no muestra su admiración por ti y por lo que haces. Observa el mensaje de las Escrituras y evalúa tu propia vida, si estás o no brindando algo que tu esposo pueda admirar. A la luz de lo que está en riesgo, es decir, un matrimonio agradable a Dios, oro para que las esposas vuelvan su mirada al plan de Dios para ellas. La única manera en que una mujer puede convertirse en corona de su marido es buscando cumplir, de forma diligente, las características de la mujer ejemplar. A la larga, su inclinación dará como fruto el conocimiento y la disposición de hacer que su matrimonio refleje la unión piadosa que Dios desea.

Como resultado de sus esfuerzos, cuando una mujer ama a un hombre, lo cuida y lo hace sentir como un rey. Y si un hombre se siente como rey, es solo porque su esposa es la corona. Ese es el trabajo de una esposa: darle a su esposo el lugar que le corresponde.

Existe una manera sencilla en que una esposa puede evaluar si su relación cumple con la medida: examina tus rutinas, cómo consideras las necesidades de tu marido. ¿Lo atiendes como un rey o como un pordiosero? Porque solo será un rey, si tú lo coronas.

ÉL ES EL HOMBRE

¿Qué sucede cuando una mujer se coloca como corona sobre la cabeza de su esposo? Lo evidencia en la manera de cuidarlo, muestra un profundo afecto en su comportamiento y su actitud hacia él.

Por lo tanto, cuando una mujer ama a un hombre, lo demuestra en dos maneras fundamentales:

1. Lo aprecia al reverenciar su posición
2. Lo aprecia al respetar su persona

Aunque en ocasiones, «reverenciar» y «respetar» se utilizan de la misma forma, existe una diferencia en su significado. A través de la reverencia, una esposa se interesa en la posición del esposo; mientras que al respetarlo, se interesa en su persona. Cuando estos dos aspectos se unen, un esposo no puede evitar darse cuenta que ella se preocupa por él y lo aprecia.

DE TODO LO QUE OBTENGAS, ADQUIERE CONOCIMIENTO

Dado que todo se trata de la perspectiva de Dios sobre la esposa, quizá te preguntes: «¿Cómo sabes cuando una mujer ama a un hombre?». Si es así, entonces, estás lista para aprender más sobre las expectativas que Dios tiene de la esposa. Debemos dar el primer paso en nuestra exploración del significado de apreciar, reverenciar y respetar a un hombre.

Además, tengo buenas noticias, porque las Escrituras nos brindan el conocimiento necesario para ello. Creo, con firmeza, que el estudio de casos reales es el mejor método para entender; por lo tanto, vamos directo a la Biblia.

Una hermosa historia muestra el proceso que se desarrolla cuando una mujer ama a un hombre. Esta se encuentra en el libro de Rut. Te animo a leer por completo este libro para encontrar el significado profundo y espiritual que contiene. Nos presenta un cuadro vivo del tipo de relación que Dios desea entre un hombre y una mujer; también nos revela el amor incondicional y la redención de Dios por su pueblo.

Déjame mostrarte el trasfondo de lo que sucedió. Rut era una mujer de la tierra de Moab, cuyo esposo venía de Belén. Él se había mudado a la tierra de Rut con su padre, su madre y hermano, a causa de la hambruna desatada en Israel. En Moab, los tres hombres perecieron. Rut y la madre se quedaron indefensas y tuvieron que tomar decisiones, ante los desafíos del futuro.

La joven viuda, Rut, decidió quedarse con su suegra, Noemí, en la tierra de Israel. Y a pesar de que Noemí le insistía en volver a su tierra, Rut ya había tomado una determinación. A diferencia de su cuñada, Orfa, ni siquiera consideró la fácil opción de permanecer en su lugar de nacimiento.

De acuerdo con la Biblia, Rut, una mujer de carácter fuerte y leal, se aferró a Noemí. Y al parecer ella no resultó ser mala suegra. Esto sugiere que por reverenciar y respetar a su esposo, Rut no tuvo problemas en cuidar a la madre de este. El versículo más conocido es cuando Rut se dirige a Noemí:

«¡No insistas en que te abandone o en que me separe de ti! Porque iré adonde tú vayas, y viviré donde tú vivas. Tu pueblo será mi pueblo, y tu Dios será mi Dios» (Rut 1:16).

Estas mujeres estaban en grandes apuros. En esos días, las mujeres no eran libres según los estándares de la época actual. Noemí era una anciana con ninguna oportunidad de casarse otra vez. Con toda probabilidad, hubiera tenido que aceptar cualquier tipo de vida para sobrevivir. Sin un esposo, Rut no tenía representante. Una viuda necesitaba la cobertura de un hombre. Por lo tanto, para no ser vulnerable en la sociedad, necesitaba que alguien la redimiera.

Sin lugar a dudas, Rut tenía ciertos desafíos que superar. No pertenecía a la casa de Israel. De hecho, no tenía permiso para entrar al templo de los judíos. Significa que no podía ir a la iglesia, el único lugar donde creemos posible encontrar a una buena persona como pareja.

Además, para el pueblo de Israel era extraño casarse fuera de su fe. Por ende la fidelidad de esta mujer con Noemí era evidente; pues por el hecho de ser extranjera, iba a tener que enfrentarse a que no la aceptaran por completo. No obstante, Dios le brindó su gracia salvadora. Si Rut deseaba volverse a casar, necesitaba encontrar a un pariente de su esposo difunto, un pariente redentor, que se casara y proveyera para ella.

Y Dios no la decepcionó. Le trajo un pariente redentor capaz de sacarla del estado de marginación en el que se encontraba y traerla a la familia de Dios. Esto representa un cuadro del Señor Jesucristo, pues hizo lo mismo por nosotros. Jesús es nuestro pariente; vino a la tierra como alguien cercano y recuperó todo lo que habíamos perdido cuando Adán cayó de la gracia, incluso nuestro derecho de relacionarnos con Dios.

Con claridad, la historia muestra cómo Dios estaba en completo control de la vida de Rut y Noemí. Él orquestó los detalles y le dio a Rut, un hombre llamado Booz. Y tal como era la costumbre cultural, si él lo decidía, estaba en condiciones de brindarle a Rut la seguridad que tanto necesitaba.

Antes que nada, Booz era pariente de Noemí. También era rico y es obvio que era soltero, pues la Biblia no menciona nada en relación a una esposa. Noemí instruyó a Rut sobre cómo ser corona en la cabeza de este hombre y tratarlo como a un rey, de acuerdo con el diseño de Dios.

De hecho, la instruyó tal como lo declara Tito capítulo 2, del cual ya hablamos antes. Ese era el rol de Noemí, como mujer madura, enseñarle a Rut cómo presentarse ante ese buen hombre. Escucha la evidente sabiduría y experiencia de esta mujer, cuando le habla a su nuera:

«Báñate y perfúmate, y ponte tu mejor ropa. Baja luego a la era, pero no dejes que él se dé cuenta de que estás allí hasta que haya terminado de comer y beber. Cuando se vaya a dormir, te fijas dónde se acuesta. Luego vas, le destapas los pies, y te acuestas allí. Verás que él mismo te dice lo que tienes que hacer. "Haré todo lo que me has dicho", respondió Rut» (Rut 3:3-5).

Es necesario hacer una pausa y explicar el contexto de este pasaje, porque a primera vista parece que Noemí instruía a Rut sobre cómo atrapar a un hombre. Pero es esencial conocer la cultura de esa época, para comprender lo que sucedió. Si Rut hubiera tenido un hermano u otra figura masculina en su vida que hablara en nombre de ella, esta persona hubiera hablado con Booz.

Pero no existía otro hombre en su vida. No lo olvides, de lo contrario, sacarás conclusiones equivocadas de la motivación de estas dos mujeres. No era un truco para conseguir un hombre. No seguían las indicaciones de «Diez maneras de atrapar a un hombre», según la revista *Cosmopolitan*.

Noemí le enseñó a Rut la manera correcta de ser atractiva para ese pariente redentor. Lo que estas mujeres hicieron era comprensible y legítimo.

LA PREPARACIÓN ES EL MEOLLO
DEL ASUNTO

Si estudias las instrucciones de Noemí, descubrirás principios fundamentales y eternos, útiles para las mujeres piadosas de nuestra época que desean enseñarles a sus hijas cómo prepararse para el matrimonio.

Pero por desgracia, en la actualidad, este ha sido un escollo para muchas mujeres. No estaban preparadas para sujetarse y obedecer la dirección del hombre que Dios puso sobre ellas. Quizá creyeron estar listas, pero más tarde descubrieron que no. Muchas mujeres se casaron engañadas acerca de lo que Dios espera de una esposa.

En la ceremonia de la boda, cuando la pareja se presentó como «señor y señora» con el apellido del esposo, la mujer no se percató de que en ese momento estaba aceptando hacer las cosas en su vida, del mismo modo en que había procedido con su apellido. En efecto, en la boda, ella confirmó: «Acepto cambiar de autoridad, de mi padre a mi esposo, y este hombre será la cabeza de esta alianza desde ahora».

Si eres soltera y no estás preparada para hacer esto, mejor no te cases. Te aseguro que será difícil superar la prueba del tiempo, porque un hombre necesita ser el rey de su castillo y la esposa es la corona de su cabeza. Esa es la manera en que Dios lo diseñó.

Reverenciar su posición: Paso 1

Las Escrituras dicen que la esposa reverencia a su marido (Efesios 5:33, RVA). En otros pasajes, la palabra «reverenciar» se refiere a la adoración a Dios. Es la misma expresión, pero de ninguna manera sugiere que la mujer debe adorar a su esposo. La adoración es solo para Dios. Reverencia la posición de tu esposo en la casa, pero adora solo al Señor. La palabra significa que el esposo tiene una posición otorgada por Dios y debe ser vista como tal. Ha recibido la posición de parte de Dios, no se despertó una mañana y decidió que sería la cabeza del hogar. Dios lo decidió por él. Sería bueno que la pareja recordara que su posición y rol fueron asignadas por el Señor.

Es necesario enfatizar que si una mujer no reverencia a su esposo, no debe engañarse pensando que podrá reverenciar a Dios. Y ya que existe un aspecto físico y uno espiritual de este principio, la mujer no solo debe desarrollar una fuerte relación con el Señor, sino también prepararse físicamente. Por esta razón, Noemí instruye a Rut: «Báñate y perfúmate, y ponte tu mejor ropa» (verso 3).

Toda mujer soltera debería notar algo muy importante acerca de Rut. Ella aprendió a apreciar a un hombre, *antes* de casarse. Con la guía de Noemí, se preparó para no tener ningún problema en brindarle reverencia y respeto a su esposo. Te doy un principio fundamental: antes de tan siquiera pensar en un hombre, primero aprende cómo presentarte. Limpiarse las manos, tener un corazón puro y ser canal de las bendiciones del Señor, todo va de la mano (Salmos 24:4-5).

Observamos entonces a una mujer anciana enseñándole a una joven, que antes de presentarse ante un posible esposo, debe saber cómo cuidar de sí misma. Perfumarse no era una treta para capturar a un hombre. Noemí no le sugirió a Rut aplicarse White Diamond y usar un vestido negro, pequeño y ajustado, para ir tras él. No, nada de eso. Rut no era una prostituta; era una mujer ejemplar. En reverencia por el hombre que le interesaba, el perfume era parte de su higiene física y, además, la hacía verse presentable. La idea era mostrarle a Booz que era una mujer respetable.

¿Por qué entonces Noemí comienza con ese consejo? Entendía que una mujer, cuyo deseo es presentarse ante un hombre, necesita darle a este un mensaje importante: es una mujer que sabe cómo cuidarlo. En otras palabras, la tina de baño no era algo extraño para ella. Sabía cómo cuidar su higiene y limpieza personal.

Por esa razón, muchas mujeres no están listas para sostener una relación con un hombre. Primero, necesitan aprender a amarse y cuidarse a sí mismas. ¿Cómo puede una mujer amar a un hombre si no sé ama a sí misma? ¿Cómo puede cuidar a un hombre si no sabe cuidarse a sí misma? Para decirnos cuán importante es esto, Jesús nos brinda el segundo gran mandamiento: «El segundo se parece a éste: "Ama a tu prójimo como a ti mismo"» (Mateo 22:39).

Por supuesto, este mandamiento aplica a cada interacción humana concebible. Pero cuando se trata de las mujeres, implica que necesitas aprender a amarte a ti misma, antes de amar a alguien más.

A primera vista, esto podría sonar trivial, pero tiene consecuencias profundas. Cómprate un delicioso perfume, un jabón de burbujas y disfruta de un baño relajante con agua caliente. Ve y cómprate un nuevo vestido, arréglate el cabello, ponte maquillaje, sal a cenar. Haz estas cosas, porque para tu bienestar general es importante que primero muestres amor por ti misma. Deberías mirarte al espejo y decir: «Amiga, sabes que lo estás haciendo bien».

Reverenciar su posición: Paso 2

Rut en definitiva atrajo la atención de Booz. Los siguientes versículos muestran lo que sucedió. Observa lo que contestó, cuando él le preguntó quién era:

«"¿Quién eres?", le preguntó. "Soy Rut, su sierva. Extienda sobre mí el borde de su manto, ya que usted es un pariente que me puede redimir" [...] Rut se inclinó hacia la tierra, se postró sobre su rostro y exclamó: "¿Cómo es que le he caído tan bien a usted, hasta el punto de fijarse en mí, siendo sólo una extranjera?"» (Rut 3:9, 2:10).

Ella se inclinó a sus pies como reverencia a su posición. Fue una señal de verdadera sujeción. Rut se revistió de gran humildad y Booz se dio cuenta de que poseía una característica justa y atractiva.

La manera en que se desarrolló su relación tiene sentido si comprendes que Dios ha diseñado al hombre para ser la cabeza de la mujer. Entonces es lógico pensar que él ha dado a los hombres una posición sobre las mujeres. Si esto te resulta difícil de aceptar, quizá te ayude mantener la perspectiva correcta y recordar que Dios hizo a la mujer del hombre, y no al hombre de la mujer (1 Corintios 11:9).

El mismo principio y la verdad de Dios se mantienen hasta hoy. Por esa razón, desde la perspectiva divina, se espera que los hermanos se hagan cargo y que las mujeres sigan su liderazgo. Además, los hombres no solo deberían liderar en el matrimonio, en la familia y en la iglesia, sino que también en la sociedad como un todo. De hecho, necesito señalar otro detalle importante. Recuerda que en 1 Corintios 11:3, Pablo escribe: «Ahora bien, quiero que entiendan que Cristo es cabeza de todo hombre, mientras que el hombre es cabeza de la mujer y Dios es cabeza de Cristo».

Si la instrucción contenida en este texto fuera solo para las parejas unidas en matrimonio, la Palabra de Dios hubiera registrado de forma específica que la cabeza de la *esposa* es el *esposo*. Pero el principio es para toda la sociedad. Por esta razón las Escrituras mencionan a propósito al «hombre» y a la «mujer». En el orden social, los hombres reciben la autoridad de parte de Dios, el creador de todas las cosas. Si deseamos todo el consejo de Dios, debemos recibir dirección de parte del Gran Consolador, El Poderoso Dios, el Padre Eterno y el Príncipe de Paz (Isaías 9:6).

Quédate en tu lugar

He descubierto un desafío recurrente que enfrenta el liderazgo masculino en general, cuya raíz la encontramos en las dinámicas acaecidas en las relaciones entre hombres y mujeres. Cuando un hombre y una mujer no se tienen el debido respeto, se acarrean problemas. Las consecuencias pueden ser dobles: Primero, la falta de reverencia de parte de ambos es contraria al plan diseñado por Dios para el matrimonio; y segundo, contribuye a la disfunción de la sociedad en general.

Durante mis años como consejero de parejas, he llegado a la conclusión de que el problema en algunas relaciones es que la mujer actúa como la madre del hombre en lugar de actuar como su esposa. En consecuencia, la relación de esposo y esposa se convierte en una relación madre e hijo. Déjame explicarlo de la siguiente manera: una mujer no puede ser madre y amante al mismo tiempo. Es imposible y en definitiva, inútil.

Piénsalo. Cuando se distorsionan los roles del esposo y la esposa, el matrimonio sufre. Además, ambos son responsables por poner en riesgo sus roles. El plan original de Dios era que el hombre sostuviera a la esposa a través de su empleo fuera de casa. También el hombre recibió toda la autoridad para gobernar todos los asuntos que afectaran a la familia. La mujer debía apoyar a su marido en su papel de mantener el hogar.

Es típico que cuando un matrimonio no marcha como Dios desea, se debe a que el esposo ha renunciado a su posición de liderazgo. De forma natural, alguien tiene que hacerse cargo, sino, se hunden en el caos. Entonces, la esposa toma el rol de liderazgo y toma todas las decisiones. Esta situación se parece más a una relación de madre e hijo, donde se espera que ella tome la posición de autoridad.

Entiende esto: en una relación marital, no es que los aportes de la esposa carezcan de validez o sean innecesarios, pero su papel debería ser el de consejera principal de su marido, en lugar de supervisora. Aunque ninguno de los dos, en la pareja, esté al tanto de las consecuencias adversas del intercambio de roles, dicho intercambio manipula los aspectos psicológicos de la relación. Y más importante aún, sacude los fundamentos espirituales sobre los cuales descansa el matrimonio.

La raíz del problema

Dios fundamenta todo sobre principios divinos. Por lo tanto, si una esposa ignora la posición de liderazgo del esposo, actúa en desobediencia a Dios. Una vez, alguien llamó mi atención sobre algo importante en relación a la autoridad entre esposo y esposa. Las Escrituras dicen que los ojos de Adán y Eva fueron abiertos después de que Adán comió del fruto (Génesis 3:6-7). Cuando Eva comió, sus ojos aún permanecían cerrados, pues ella no era responsable por las acciones de ambos. Recuerda que Dios le había ordenado a Adán que no comiera del fruto del árbol del conocimiento del bien y del mal (Génesis 2:17). Como cabeza establecida, él debía rendir cuentas.

Allí comenzaron todos los problemas de la existencia humana. Dios le habló a Adán, le dio instrucciones divinas para que se las enseñara a su esposa. Pero cuando la mujer las desobedeció, se desencadenaron una serie de incidentes graves. Dios desterró a Adán y Eva de su presencia. Después de recibir la disciplina del Señor, sus vidas cambiaron para siempre. Dios los despojó de su abundante provisión y ellos tuvieron que trabajar para su subsistencia. Cultivaron la misma tierra de donde habían venido.

¿Cómo comenzó este cambio? El problema inició cuando Eva violó el patrón establecido por Dios. Lo vemos en Génesis, capítulo 3, donde la serpiente habló con la mujer. La conversación nunca debió ocurrir. Eva debió llamar a Adán para que él se encargara de la situación. Sabía que, en la relación, Dios le había dado autoridad al hombre. La respuesta debió ser: «No estaba presente cuando Dios dio la palabra. Ve y habla con Adán».

En lugar de ello, se puso a hablar por sí misma. Cuando tomó las cosas por cuenta propia, le negó a Adán la reverencia que debía tener. Más tarde, el Señor Dios habló con la mujer: «A la mujer le dijo: "Multiplicaré tus dolores en el parto, y darás a luz a tus hijos con dolor. Desearás a tu marido, y él te dominará"» (Génesis 3:16).

Esta declaración solidifica la eterna angustia entre ambos géneros. Como parte del castigo, Dios le dijo a Eva que desde ese día tendría la tendencia de dominar a Adán. Al mismo tiempo, Adán no quedaba sin castigo. Desde ese día tendría la disposición de actuar como dictador sobre Eva. Estos problemas todavía existen.

Aquí encontramos la perpetua raíz de las dificultades maritales. Desde los anales de la historia, hemos tenido el desafío de evitar este constante dilema. Por no decir menos, es por esto que la relación matrimonial es delicada. La tarea de una mujer que ama a un hombre es ser cuidadosa en la manera de mostrarle sujeción y reverencia. Es peligroso que una mujer tenga la siguiente actitud: «Si quiero tu opinión, yo te la doy».

Este tipo de declaraciones es un indicador de lo que sucede cuando se confunden las líneas entre la realidad de la posición y la insatisfacción con la práctica. Si no estás de acuerdo con tu esposo en la práctica, porque no hace las cosas como debería, tu reacción fácilmente se puede deslizar a un desprecio por su posición. ¿Lo puedes ver? Mujer, aquí es cuando la reverencia a la posición de un hombre queda en riesgo. Y ya que saber es poder, utiliza esta información para proteger la manera en que reverencias a tu esposo. Sé que esto puede ser una pendiente resbaladiza y que a veces enfrentas esas pequeñas cosas irritantes que un hombre hace sin pensar. Déjame darte un pequeño ejemplo. Algunos hombres son desordenados y dejan sus ropas desparramadas por la casa, en cualquier parte.

Cuando una esposa de manera constante se altera por este problema, que en apariencia parece pequeño, todo puede convertirse en un candente debate. Las palabras degradantes salen a flote y lo dicho, ya no se puede borrar después. La moraleja de la historia es que aun cuando no apruebes los hábitos de limpieza de tu hombre o alguna otra cosa de él te irrite, debes descubrir la forma de lidiar con ello, de manera que no afecte la reverencia a su posición.

Respeta su persona

Pienso que la siguiente declaración es verdadera: los hombres y las mujeres tienen diferentes necesidades. En la ecuación del matrimonio, un esposo debe tener en gran estima a su esposa, debe brindarle su cuidado tierno y cariñoso. De manera inequívoca, los esposos deben masajear las emociones de sus esposas. La Biblia trata esta situación en Colosenses 3:19: «Esposos, amen a sus esposas y no sean duros con ellas».

Además, Efesios 5:25 dice: «Esposos, amen a sus esposas, así como Cristo amó a la iglesia y se entregó por ella». Aquí encontramos dos amonestaciones en relación al profundo y perdurable cuidado de un esposo por su esposa. Él está comprometido con el crecimiento espiritual, emocional e intelectual de su esposa. Con claridad, vemos que el hombre tiene la gran responsabilidad de imitar el amor del Señor por su iglesia y amar así a su mujer.

No obstante, un hombre no necesita esa clase de trato. Un hombre necesita R-E-S-P-E-T-O. De hecho, cuando una mujer ama a un hombre, comprende que la forma más importante de demostrárselo es a través del respeto. Es de absoluta importancia que una mujer comprenda cuán vital es para el bienestar de un hombre recibir este tipo de reconocimiento y consideración. Los hombres no solo ansían respeto, lo necesitan.

Para descubrir más sobre el tipo de respeto que un hombre necesita, debemos analizar otro aspecto cultural que aparece en los siguientes textos.

«Y bajó a la era e hizo todo lo que su suegra le había mandado. Booz comió y bebió, y se puso alegre. Luego se fue a dormir detrás del montón de grano. Más tarde Rut se acercó sigilosamente, le destapó los pies y se acostó allí. A medianoche Booz se despertó sobresaltado y, al darse vuelta, descubrió que había una mujer acostada a sus pies» (Rut 3:6-8).

Primero observamos que Rut es congruente con las instrucciones protocolarias de su mentora. Noemí la envía al lugar donde Booz tiene el negocio, es decir, un campo de trillado. Los hombres duermen ahí por la noche para proteger el grano. Por favor, considera que Noemí nunca enviaría a Rut a la casa de Booz si no fuese apropiado. Mujeres, cuídense de a quién escuchan; alguien que desea lo mejor para ti, no te pedirá hacer algo inapropiado. Sin embargo, era apropiado para Rut ir al campo de trillado, pues era como ir a las puertas de la ciudad durante el día.

Cuando Noemí le pide mostrarse a Booz hasta después de que este comiera, le estaba enseñando el significado de ser cortés. La instrucción de la etiqueta para ese día era que la mujer esperara. Rut hubiera cometido un error si hubiese caminado en dirección a Booz con las siguientes palabras: «Disculpa, pero necesito verte ahora mismo».

¿Les suena conocido? No recomiendo actuar de esta manera. Pienso que algunas mujeres podrían aprender del ejemplo de Rut y mostrar que tienen buenos modales. Pero en la cultura del «todo se vale», en la que vivimos hoy, la falta de respeto ha ensombrecido mucho las reglas por las cuales las personas del pasado dirigían sus vidas.

A medida que transcurre la historia, vemos que Booz se despierta en medio de la noche y encuentra a una persona tendida a sus pies. Era Rut, mostrando su respeto. Cuando ella le confiesa quién es, con cortesía, agrega que también sabe sobre él. Lo llama «pariente», se gana su cariño y lo reconoce como una persona con autoridad.

Te lo explico con otras palabras, Noemí la instruye: «Ve y dile que entiendes que Dios nos ha dado un rol». Él no era superior o más poderoso que ella; pero sabía que en la relación entre un hombre y una mujer, Dios le ha dado a la mujer el rol de seguidora.

Rut deseaba una relación apropiada con Booz; es decir, una relación entre esposo y esposa. No aspiraba a una relación de madre e hijo. No deseaba ser su madre y amante al mismo tiempo.

Al hacer las cosas de manera correcta, demostró que entendía su rol. Comprendía que él no buscaba una supervisora, sino una consejera principal. Quería dejarle claro que lo seguiría y le permitiría guiar en el camino.

NO EXISTE CRISIS DE IDENTIDAD AQUÍ

Pon atención a esto. En el verso 9, Rut se presentó como la sierva de Booz: «Soy Rut, tu sierva». Pero hay algo muy importante, en los capítulos previos, apareció como «la moabita» (1:22, 2:21). El hecho es que Rut era la persona y los moabitas eran su pueblo; así que al inicio de su travesía, se le identificó con su pueblo.

Sin embargo, en el capítulo 3, versículo 9, cuando se presentó con Booz, adquirió una nueva identidad. Por fe (pues aún era algo que estaba por suceder), ella le expresó con respeto y reverencia que si él la redimía, se convertiría en Rut, su sierva. Con Booz a su lado como pariente redentor, ya no sería conocida como Rut, la moabita. Por la gracia de Dios, se presentó como lo que quería ser. En otras palabras, no se vio a sí misma con la identidad pasada; en su lugar, deseó la futura redención. Mujer, si quieres ser una esposa piadosa, deja ir el pasado. La manera en que te veías a ti misma debería quedar atrás. Ahora debes tomar la identidad de tu esposo. Antes de casarse, él debe saber que estás dispuesta a identificarte con él.

Luego Rut dijo: «Extienda sobre mí el borde de su manto» (verso 9). En la Biblia se utiliza la palabra «manto», la cual se traduce como «alas». Cuando Booz habló con Rut, utilizó la misma palabra en Rut 2:12: «¡Que el Señor te recompense por lo que has hecho! Que el Señor, Dios de Israel, bajo cuyas alas has venido a refugiarte, te lo pague con creces».

Ambos hablaron sobre serios asuntos de fe en estos textos. La palabra «alas», que vemos en Rut 2:12, es la misma para «manto», de Rut 3:9, y ambas se refieren a lo mismo. Existe un principio importante aplicable para todos. Rut le pide a Dios que la cubra, mucho antes de pedírselo a un hombre. Mujeres, sean cuidadosas, no le pidan a un hombre lo que deberían pedirle a Dios que hiciera por ustedes. No busquen a un hombre para llenar sus necesidades, sin antes acudir a Dios.

En esencia, este es el mensaje al acostarse a los pies de Booz: «Si tú me cubres, respetaré tu persona y cuidaré de tus provisiones. Me convertiré en tu posesión». Le ofreció algo que no podía rechazar. Creo que Booz reconoció su profundo nivel de admiración y respondió a su petición de manera positiva. En su posición, cualquier hombre hubiera sido bastante criticado si despreciaba a una mujer que lo tenía en alta estima. Lo diré una vez más: los hombres necesitamos respeto.

EN BUSCA DEL HOMBRE CORRECTO

Rut sabía algo que toda soltera debe saber. Casarse no se trata de encontrar a la persona con quien tú crees que puedes vivir; sino de encontrar a la persona sin la cual no puedes vivir, es decir, la persona que Dios diseñó para ti. El matrimonio consiste en ser la persona correcta, saber quién eres en Cristo y lo que él ha ordenado para ti. Cuando entiendes esto, es fácil ser la mujer y la esposa que Dios quiere.

Rut comprendió esto con claridad. No obstante, sé lo que puedes estar pensando: *No soy débil. Soy una mujer que puede hacer cualquier cosa sin la ayuda de un hombre. Estas ideas son para cobardes y yo soy fuerte. Él desea una mujer débil, pero me he ganado mis logros por mis propios méritos. Compré mi propio apartamento antes de casarme, compré mi automóvil y siempre me he vestido bien. Administro mis finanzas muy bien y sé cómo tomar decisiones.*

No dudo de la habilidad de una mujer de conseguir todo eso sin la ayuda de nadie. Rut quizá no tenía todas las cosas para ella, pero ni por un minuto pienses que era débil. Se necesitaba valor e integridad para comportarse de la forma en que lo hizo. Ella tenía una misión, por decirlo así: hacer las cosas a la manera de Dios. Las demás mujeres quisieron aislarla porque era diferente, pero ella se mantuvo firme. Tuvo el valor de levantarse, ir al campo y recoger el grano con las otras mujeres. Me imagino que la vieron con desprecio. «¿Cómo llegó ella hasta aquí? Miren cómo trabaja. ¿A quién intenta impresionar? Yo no tengo que hacer tanto esfuerzo. Es solo la nuera de Noemí. ¿Por qué la trajo aquí? Que no espere llevarse fácilmente a uno de nuestros hombres. Que se vaya por donde vino. Que no moleste».

Sin embargo, Rut no se desanimó ante las circunstancias. Es cierto que podían ofenderla y maltratarla, pero no podían negar su tenacidad. No era una mujer débil, sino decidida.

Permítanme decir algo para las solteras. Si eres una mujer fuerte, no te cases con un hombre débil. ¿Escuchaste lo que dije? Escoge un hombre más fuerte que tú. ¿Qué intento decir? Escoge un hombre que no se intimide porque tú ganes más dinero que él. Si conoces a un hombre sin licenciatura y tú posees un doctorado, asegúrate de que no le causará molestias, porque tiene la convicción de que aun con todo, él sigue siendo el hombre.

Por supuesto, existen hombres que son tormentas silenciosas. No hablan mucho, pero se hacen cargo de las situaciones. No me refiero a ellos, hablo de alguien muy tímido como para tomar decisiones. Por ejemplo, en una ocasión, una profesora le preguntó a su clase: «¿Qué entra como un león y sale como un cordero?». Y un niño respondió: «Mi papá».

Si eres una mujer fuerte, no quieres un hombre así, porque contrario a lo que piensas, serás incapaz de cambiar la personalidad que Dios le dio. Será difícil sujetarte a un hombre sin habilidades para el liderazgo. Permíteme orar contigo, porque creo que en esta oración encontramos mucha sabiduría. Esta oración salió de los labios de una mujer piadosa y merece que la repitamos. En respeto y reverencia por su esposo, ella dijo: «Señor, dale la sabiduría de dirigir y a mí la gracia para seguirlo».

Me recuerda Proverbios 3:5-6: «Confía en el Señor de todo corazón, y no en tu propia inteligencia. Reconócelo en todos tus caminos, y él allanará tus sendas». Si los esposos y las esposas siguieran este principio, las ayudaría a ellas a mantenerse en silencio, de manera que los hombres pudieran escuchar a Dios y seguirle. No pienses que tu esposo no escucha a Dios, asegúrate de no hablar tanto para que él pueda oírlo. Sin duda, habría más matrimonios exitosos bajo la dirección de la Palabra de Dios.

Te presento otro ejemplo de cómo Dios quiere que la mujer piense de su esposo. En una ocasión, cuando una pareja se estaba incorporando a nuestra congregación, la esposa se levantó y dijo que deseaba reunirse con nosotros porque su esposo, dirigido por Dios, había venido a nuestra iglesia. No sintió vergüenza de admitir que seguía a su esposo, pues eso se esperaba de ella.

CUANDO UNA MUJER AMA A UN HOMBRE, LO APRECIA, LO REVERENCIA Y LO RESPETA

Una mujer que ama hace estas cosas sin importar los problemas por los cuales la pareja esté pasando, incluso si son problemas financieros. El punto aquí es que la mujer ejemplar nunca pierde su habilidad de apreciar a su esposo. Sostengo que si estudias la vida de Rut, una mujer bendecida más allá de cualquier medida por seguir el plan de Dios, descubrirás principios para mejorar tu matrimonio. Disfrutarás de resultados que nunca esperaste, cuando vayas aplicando los principios y aprecies a tu esposo. Así como Rut lo hizo, muéstrale a tu esposo el significado de tener una buena mujer y una buena esposa. Se la corona sobre su cabeza.

Una mujer sabia pone su relación en perspectiva. Toma el tiempo para entender Proverbios 12:4, porque reconoce el valor de ayudarle a su hombre a ser exitoso. Te garantizo que si un hombre casado tiene éxito, es porque su esposa ha hecho sacrificios y ha cumplido con su parte para elevarlo. Si él está cumpliendo con su rol de ser rey, es porque ella se ha coronado a sí misma sobre su cabeza. El hombre exitoso tiene una mujer que respeta su posición y su persona y también él hace lo mismo con ella.

Tengo un comentario final. Sin importar si eres la esposa del director general de una compañía o de un hombre que trabaja en mantenimiento, ser una mujer ejemplar exige tener la actitud correcta. ¿Sabes que puedes ayudar a tu esposo a ser el hombre que Dios desea? Es imposible si intentas presionarlo, empujarlo o moldearlo, pero sí es posible si eres una mujer que aprecia a su pareja tal como es.

Piensa *en esto*:

1. ¿Alguna vez te has considerado una corona sobre la cabeza de tu esposo?

2. ¿Comprendes la diferencia entre dar sin amar y dar por amor?

3. Cuando te miras al espejo, ¿qué ves? ¿Una persona egoísta o generosa?
4. ¿Cómo le explicarías a una amiga soltera que una esposa debe estar preparada para brindar respeto y reverencia a su esposo?
5. ¿Estás de acuerdo con la idea de que algunas relaciones de esposo y esposa son sustituidas por una relación entre madre e hijo? ¿Has sido testigo de casos de este tipo?

Vive *por esto*:

Querido Padre celestial, te agradecemos por enseñarnos tu provisión generosa para quienes permanecen en tu voluntad. Prepara a las mujeres para ser ejemplares, pues ese es tu llamado. Y a través del Espíritu Santo, dirige a las esposas en la manera apropiada de apreciar a sus esposos. En reverencia y respeto a sus esposos, enséñales la sujeción de manera que puedan agradarte en todos sus caminos. En el nombre de Cristo, así sea.

Capítulo Cinco
Amor tangible

cuando una
mujer
ama
a un hombre,
cuida de él

UN HOMBRE, en su lecho de muerte, pensaba que pronto llegaría a la presencia del Señor. Mientras agonizaba, olfateó el aroma de sus galletas favoritas. Pensó: *Galletas, están preparando galletas.* Así que se arrastró fuera de la cama y bajó las escaleras pensando en ellas. Atravesó la estancia de la casa a rastras; también el comedor, con el deseo de comer galletas por última vez. Cuando por fin llegó a la cocina, encontró a su esposa sacando una bandeja de galletas del horno. Con voz débil, pronunció la palabra «galletas». Con una mano, logró alcanzar su preciado tesoro. Pero para su sorpresa, la esposa lo regañó y le dijo: «Suelta esas galletas, son para el funeral».

Suena duro, ¿verdad? Quizá esta historia sea improbable, pero ayuda a ilustrar mi punto. Parece que, en algún lugar del camino, esta pareja perdió la conexión que mantiene unidos a los cónyuges.

¿Alguna vez has pensado en lo que significa amar a alguien? Digo, en *verdad* amarlo. No me refiero al tipo de amor del que a menudo escuchamos hablar. Hablan de él de manera descuidada, sin tener idea del significado del amor genuino.

Gracias a Dios por su palabra; tiene el poder de salvarnos de nosotros mismos. Si el Espíritu Santo no hubiera inspirado al apóstol Pablo a describir de forma elocuente el significado del amor auténtico en 1 Corintios 13, no comprenderíamos que Dios es la personificación del amor. Además, no tendríamos más opción que revolcarnos en un estado de feliz ignorancia, en lugar de mostrar con certeza nuestro amor hacia Dios y hacia los demás.

Por tanto, cuando hablamos de que una mujer ama a un hombre, creo con firmeza que existe mucho más por aprender sobre el verdadero amor, es decir, sobre el amor de Dios. Por eso es necesario regresar al plan divino. Descubrir el significado del amor exige un estudio del texto registrado en 1 Corintios 13:1-8.

Aunque el mensaje que intento dar va dirigido a las mujeres, quiero ser el primero en reconocer que el amor tiene dos vías. Nadie puede negar que una relación de amor involucra a dos personas. En este sentido, los hombres tienen la misma necesidad de aprender. Pero, dado que estamos en una discusión dirigida a las mujeres, permitámosle al apóstol Pablo hablar con la autoridad de la Palabra de Dios.

«Si hablo en lenguas humanas y angelicales, pero no tengo amor, no soy más que un metal que resuena o un platillo que hace ruido. Si tengo el don de profecía y entiendo todos los misterios y poseo todo conocimiento, y si tengo una fe que logra trasladar montañas, pero me falta el amor, no soy nada. Si reparto entre los pobres todo lo que poseo, y si entrego mi cuerpo para que lo consuman las llamas, pero no tengo amor, nada gano con eso. El amor es paciente, es bondadoso. El amor no es envidioso ni jactancioso ni orgulloso. No se comporta con rudeza, no es egoísta, no se enoja fácilmente, no guarda rencor. El amor no se deleita en la maldad sino que se regocija con la verdad. Todo lo disculpa, todo lo cree, todo lo espera, todo lo soporta. El amor jamás se extingue, mientras que el don de profecía cesará, el de lenguas será silenciado y el de conocimiento desaparecerá».

Pablo estructura su enseñanza sobre el amor de la siguiente manera: del versículo 1 al 3, escribe que el amor es prioritario. Del versículo 4 al 7, describe sus características. Y en el verso 8, culmina con la permanencia del amor. Quiero darte el trasfondo de este texto para comprender lo que inicialmente motivó al apóstol a dar esta explicación poderosa sobre el más grande regalo de Dios para la humanidad. Pablo sabía que ciertos miembros de la iglesia en Corinto luchaban con algunos problemas. Entre otras faltas graves, había una en particular: su falta de juicio.

¿Te das cuenta? Creían erróneamente que los dones del Espíritu eran más importantes que el fruto del Espíritu. Pablo señala que los creyentes le habían concedido al más pequeño de los dones, es decir, al don de lenguas, la más grande prioridad sobre todos.

Y con toda seguridad, los dones del Espíritu son importantes porque Dios tiene un propósito al haberlos entregado. Sin embargo, en su papel de liderazgo, el apóstol ayuda a la iglesia a entender que aunque los creyentes tienen la habilidad de utilizar una gran variedad de dones, lo más importante es imitar el amor de Dios.

Los corintios también fanfarroneaban de cuán buenos eran para hablar con Dios. Pablo debe recordarles que practicar el amor de Dios con los demás tiene mayor importancia que cualquier palabra posible. Existe una frase muy conocida para describir este punto, quizá la hayas escuchado o pronunciado alguna vez: las acciones hablan más que las palabras.

Pablo comienza a extraer las capas que cubren su pensamiento y comportamiento equivocado, y expone una situación problemática que también he observado en muchos casos. He encontrado personas que proclaman hablar con Dios en un idioma desconocido, pero no desean hablar español conmigo.

Si conoces personas como estas, necesitas saber algo: estos sujetos no entienden que las palabras de nuestra boca no comunican nada, si no reciben el respaldo del amor. Es lo primero que debemos aprender acerca del amor, porque nuestro enfoque principal en la vida debería ser mostrar el amor de Dios a las personas. Si tan solo pudiéramos comprender esto, el mundo sería un mejor lugar. No existieran relaciones similares a la historia con la cual empecé este capítulo.

Luego, Pablo los confronta porque afirmaban tener la fe y el conocimiento de aclarar todos los misterios. Una vez más, estaban equivocados. Él los exhorta y les explica que es más importante ejercitar el amor, que presumir sobre el conocimiento que puedan tener.

Su mensaje era claro: la fe era necesaria para hacer buenas obras; pero la fe sin amor era inútil. Lo primero que debían hacer era permitir que el conocimiento de Dios fluyera desde sus cabezas a sus corazones. Y dicho mensaje aún se aplica hoy.

Para concluir con la enseñanza, el apóstol les recuerda que, a la larga, todo lo demás pasará. Pero, cuando todo se haya hecho y dicho, el amor soportará la prueba del tiempo. Entonces, ¿qué aprende una persona sabia de todo esto? Al final del día, mostrar amor es mucho más grande que cualquier palabra que podamos decir, pensar o hacer.

¿QUÉ TIENE QUE VER EL AMOR CON ESO?

Aquí te presento el principio: podemos afirmar que amamos, pero a menos que exista una demostración genuina del amor de Dios que acompañe dicha afirmación, no tenemos nada que apoye nuestras palabras. Pienso que a eso se refería en su autobiografía Tina Turner, la gran artista de música pop. Después de mucho dolor y angustia, ella se percató de que el hecho de permitir que su esposo, Ike, la golpeara no demostraba su amor por él. Erróneamente, ella creía que esa era la manera como él *necesitaba* ser amado.

Si viste la película sobre su vida, recordarás que en una ocasión sus amigos se le acercaron y le preguntaron: «¿Qué te sucede, chica?». La señora Turner les contestó de esta manera: «Él tiene problemas... y yo lo amo». Ahora bien, la mayoría de las personas reconoce que su reacción tenía como base un pensamiento bastante irracional. Tú no permites que nadie te maltrate solo porque piensas que es la manera de amar a esa persona. Esta es la moraleja de la historia: soportar violencia física y psicológica no tiene nada que ver con el amor. Luego de entenderlo con claridad, la señora Turner plasmó su motivación en la letra de una canción. Descubrió que aceptar el abuso de su esposo no era una expresión de su amor por él; al contrario, era el reflejo del odio hacia sí misma. Como resultado y en respuesta a ese descubrimiento, ella compuso una canción que fue un éxito en las listas de predilección: *What's Love Got to Do With It?* [¿Qué tiene que ver el amor con eso?].

Tenemos que entenderlo: al fin y al cabo, nuestras palabras deben ser congruentes con nuestras acciones. Si existe alguna discrepancia entre lo que dices y la forma como amas, entonces no amas de verdad. Tal como el apóstol lo dijo: ese amor no soportará la prueba del tiempo.

Por supuesto, Dios nos ofreció la muestra de amor más grande. Las Escrituras lo expresan:

«Porque tanto amó Dios al mundo, que dio a su Hijo unigénito, para que todo el que cree en él no se pierda, sino que tenga vida eterna» (Juan 3:16).

La lección que Dios nos enseñó sobre el amor es valiosa. Si Dios no hubiera entregado a su Hijo por nosotros, estuviéramos perdidos por la eternidad. Pero Dios validó su amor con el más grande sacrificio. Ahora, es el privilegio de los creyentes disfrutar de la eternidad con él, y es por ese regalo que debemos recibir a Dios con los brazos abiertos.

Y por si fuera poco, el Dios que controla el universo no se detuvo ahí. Como deseaba que estuviéramos preparados para la vida en esta tierra, nos otorgó la habilidad de hablar de su amor así como de imitarlo. Sabemos que Dios ha puesto su Espíritu de amor en nosotros porque las Escrituras declaran: «Y esta esperanza no nos defrauda, porque Dios ha derramado su amor en nuestro corazón por el Espíritu Santo que nos ha dado» (Romanos 5:5). Así que ahora tenemos la habilidad de hablar sobre su amor y de imitarlo, y eso es exactamente lo que Dios espera de nosotros.

En el contexto de la relación matrimonial, existe una similitud con la ilustración sobre el amor que aparece en Juan 3:16. El amor de Dios es tangible. Él *entregó* a su hijo. Cuando una mujer ama a un hombre, existen señales visibles de su amor. En otras palabras, su amor es tangible: se entrega de manera sacrificial. La esposa le muestra a su esposo cuánto se preocupa por él de maneras visibles y concretas. La mejor forma de hacerlo es seguir los mandamientos de Dios y el ejemplo de Jesucristo.

LA FÓRMULA PARA LA MUJER QUE AMA Y CUIDA

Hemos llegado a la nota final de la sinfonía de amor que la Palabra de Dios nos brinda. Cuando una mujer ama a un hombre, lo cuida. A primera vista podrías pensar que no es difícil. ¿Qué tan difícil podría ser mostrarle a alguien que lo cuidas? De forma superficial quizá eso te parezca fácil; sin embargo, cuando una pareja de esposos enfrenta los desafíos de la vida, cuidar del otro no es siempre un lecho de rosas. Amar a otro ser humano es una historia aparte.

Entonces, ¿cómo lo logra una mujer? Primero debemos observar que la presuposición de que una mujer cuida a un hombre y se convierte en una mujer ejemplar se afirma a medida que existe una conexión con el Dios viviente.

Cuando la relación de una mujer con el Señor es fuerte y segura, el amor fluye de la siguiente manera:

su conexión con Dios $\longrightarrow$
   influye en su carácter $\longrightarrow$
      impacta su conducta para con su esposo y los demás

Su conexión con Dios produce en ella el deseo de cuidar a su esposo. De ahí que, cuando una mujer ama a un hombre, dedica su alma y su corazón para cuidarlo. Nada la complace más, porque sabe que agrada a Dios. Con un origen especial en su interior, su habilidad de cuidar comienza en el contexto de su carácter. En consecuencia, su carácter modifica su conducta de manera que se convierte en la mujer descrita en Proverbios 31.

Esos son los aspectos que convergen en una mujer ejemplar. Permíteme señalar que la palabra «ejemplar» es un adjetivo que describe a la mujer de la cual el rey Salomón escribió. Además, la Nueva Versión Internacional utiliza la palabra «mujer», pero otras versiones usan la palabra «esposa».

La palabra hebrea es *ish-shah* y se utiliza en todo el libro de Génesis para describir a la mujer. Por ejemplo, Génesis 2:23, cuando Adán dice: «Ésta sí es hueso de mis huesos y carne de mi carne. Se llamará *mujer* porque del hombre fue sacada», utiliza la palabra *Ish-shah*.

Este aspecto es muy importante porque una mujer ejemplar tiene que ver con sus diferentes papeles y relaciones. Puede ser hija, madre, tía o una mujer de negocios. En otras palabras, tiene que ver con todo lo que significa ser mujer. Está llena de virtud antes de ser una esposa.

Realidad desalentadora

Para quienes contemplan casarse, hay algo que debo mencionar y que es relevante en este punto: no te engañes, si una mujer no es ejemplar antes de casarse, no lo será después del matrimonio. Aún en su soltería, es posible evaluar su carácter. En lo que concierne a su personalidad y conducta, lo que ahora hace, después también lo hará.

Por ejemplo, si antes de casarse ella no mantenía la casa limpia, después será igual. Si no cuida de sí misma de manera apropiada, tampoco cuidará del cabello y de la vestimenta de sus hijos. Si no es cuidadosa de su situación financiera, no ejercerá una buena mayordomía de sus finanzas una vez esté casada. Si no es fiel antes del matrimonio, tampoco lo será después.

En otras palabras, para ser una esposa ejemplar, ella debe ser primero una mujer ejemplar. Si eso no le interesa en la actualidad, en el futuro tampoco le interesará.

He aquí la razón: la visión de una mujer sobre lo que significa ser una esposa se reflejará en su carácter. Incluso antes de entrar en una relación matrimonial, ella refleja un carácter piadoso. Por otro lado, si no refleja el carácter de una mujer ejemplar, es notorio que el Señor no la influye. Por lo tanto, el cuidado que pueda brindar no será genuino y no durará mucho tiempo.

Esa es la razón por la que siempre les digo a las parejas comprometidas que sean observadores. Les digo que miren lo que ahora tienen porque quizá eso será lo mejor que van a obtener. Ahora bien, puede haber una intervención divina; no descarto los milagros. Sin embargo, a las parejas no les gusta escuchar mi advertencia porque piensan que soy la nota discordante en su matrimonio. En mi opinión, creo que es solo una llamada de precaución para que dentro de cinco años, cuando la luna de miel haya terminado, no se vean a los ojos y digan: «Has cambiado».

En la mayoría de casos, la mujer no cambia (de hecho, tampoco el hombre). Pero, ¿por qué ahora ella es tan diferente? Porque el futuro esposo *pensó* que se casaría con la joven dama con quien solía sentarse en un restaurante y quien solía asentir todo lo que él le decía. La mujer a quien le gustaba todo lo que se ponía y a quien no le importaba ir donde fuera que él quisiese antes de casarse.

La verdad es que, a menos que tenga una fuerte relación con Dios y su carácter y conducta reflejen las características de una mujer ejemplar, la chica que tienes enfrente es irreal. Cuando te casaste estaba camuflada, y una vez firmaron el contrato nupcial, se quitó el disfraz. Una vez que la luna de miel terminó, la realidad se impuso y su verdadera personalidad se reveló.

Lo que intento decirte es que veas más allá de lo que ven tus ojos, pues quizá solo sea el hermoso papel de regalo que cubre una caja vacía. Necesitas ser observador y confiar en Dios para obtener su dirección y sabiduría. Lo que ves es lo que obtienes, nada más y nada menos.

Sé fructífera

Un observador puede ver el fruto del Espíritu que emana de la vida de la mujer ejemplar: amor, alegría, paz, paciencia, amabilidad, bondad, fidelidad, humildad y dominio propio (Gálatas 5:22-23). Por otro lado, si la mujer no posee el carácter de Dios, tarde o temprano algo diferente saldrá a la luz. Por ejemplo, las personas pueden diferenciar entre amabilidad y bondad genuinas y alguna acción falsa disfrazada de esas características. Si una mujer no practica el dominio propio, pronto se perderá a causa de su comportamiento.

Las características de una esposa ejemplar se reflejan en su actitud hacia su esposo. Este verá el fruto del Espíritu en su carácter y conducta en tres maneras. Estudia estas directrices para ver si te reconoces a ti misma. La conducta de una esposa excelente será: reglamentada, rigurosa y emprendedora.

Reglamentada. Las Escrituras dicen que el amor es paciente y amable (1 Corintios 13:4). Cuando una mujer ama a un hombre, brindará cuidado amoroso a su esposo de manera sistemática. En consecuencia, su amor no depende del carácter del hombre, sino del carácter de la mujer. Esto es así aun cuando existen «problemas en el paraíso». Ella no guarda ningún tipo de registro de quién tiene la razón; en lugar de ello, continúa mostrando amabilidad y amor incondicional para su esposo.

Por ejemplo, una mujer que le prepara el desayuno a su esposo cada mañana lo hará de manera constante. Esa acción no depende de si han peleado o de que él no ha hecho lo que ella desea que haga. Es difícil hacerla enojar, y no deja de tratar bien a su esposo solo por un desacuerdo. En su lugar, le sirve con paciencia y confía que Dios rectificará cada cosa injusta que tenga que tolerar.

Algunos sinónimos para «reglamentada» son: «ordenada», «controlada», «comedida» y «regulada». Cuando se refiere a una mujer ejemplar, todos estos términos hablan de su comportamiento disciplinado. No explota en cólera o inicia peleas por celos, pues no va con su carácter. Pone las necesidades de su esposo en primer lugar, no es egoísta y centrada en sí misma. No existe la actitud de «yo primero».

Además, el sentido de orden de una mujer le dicta cómo lidiar de manera adecuada con la autoridad. Pero cuando una mujer no se compromete en una relación fuerte con Dios, por lo general, su actitud hacia la autoridad es irrespetuosa. ¿Alguna vez te has preguntado por qué algunas personas dicen «negro» cuando alguien dice «blanco»? No es malo tener opiniones diferentes. No hablo de eso. Me refiero a una persona que constantemente está en desacuerdo con cualquier cosa o persona que represente autoridad, incluso su esposo.

Rigurosa. Las Escrituras también nos dicen que el amor todo lo disculpa, todo lo cree, todo lo espera, todo lo soporta (1 Corintios 13:7). La mujer que posee un carácter piadoso puede echar mano de su fortaleza y habilidad para superar las dificultades. Algunos sinónimos para la palabra «riguroso» son: «concienzudo», «minucioso», «preciso», «meticuloso» y «cuidadoso». Así que cuando una mujer ama a un hombre, es rigurosa para enfrentar cualquier desafío. Su carácter es tan fuerte que siempre supera las adversidades del exterior.

Algunos podrían decir que es irreal poner ese tipo de demandas sobre los hombros de una mujer, y que solo a mí se me ocurre sugerir algo como esto. Sin embargo, ese tipo de mujer sí existe. Recuerda el ejemplo de Rut, una mujer que sabía apreciar, cubrir y cuidar a su hombre. Debo volver a la historia de Rut pues es una ilustración enriquecedora sobre una mujer ejemplar. De hecho, nota cómo Booz la alaba:

«Y él dijo: Bendita seas tú de Jehová, hija mía; has hecho mejor tu postrera bondad que la primera, no yendo en busca de los jóvenes, sean pobres o ricos. Ahora pues, no temas, hija mía; yo haré contigo lo que tú digas, pues toda la gente de mi pueblo sabe que eres mujer virtuosa» (Rut 3:10-11, RVR, 1960).

Booz se enamora de Rut y tiene una opinión admirable de ella. Parece estar muy impresionado por su bondad. La palabra «bondad» también significa «amabilidad». La palabra clave a considerar es «buena». Rut era una mujer buena. Su valor interno se reflejaba en sus actos externos, lo que significa que era una mujer buena. Booz recapitula su evaluación de Rut y la llama «mujer virtuosa».

El final de la historia es profundo y conmovedor. Rut, como mujer ejemplar, recibe una gran recompensa por sus acciones honorables. Booz acepta ser el pariente redentor.

Ella recibió bendición por su carácter piadoso. Adoptó un enfoque riguroso y reglamentado para alcanzar su meta, y ninguno de los obstáculos que tuvo que enfrentar la disuadió de lograrla. Todo lo demás no era importante. Rut demostró una profunda dedicación. No le importó ser diferente a las demás mujeres. No estaba dispuesta a que los obstáculos le dictaran lo que podía o no alcanzar.

Cuando una mujer ama a un hombre, reconoce que se encuentra en una relación que puede ser larga y difícil. Su dedicación no depende de la opinión de los demás, ni de las circunstancias de la vida o las ambiciones propias. Su matrimonio será duradero porque permanece fiel hasta el final. Tal como las Escrituras lo dicen, su amor nunca fallará.

Emprendedora. ¿Cómo llega una mujer a ser ejemplar? Es por su temor o reverencia al Señor. ¿Qué le permite desarrollar el carácter para cuidar y entregarse completamente a su esposo? Es su relación con Dios. Con la luz de su Palabra, ella descubrirá que ha recibido el recurso más grande que existe. Además, dependerá completamente de la dirección divina.

Aquí tienes otra ilustración. En una ocasión, mi esposa y yo llevamos a nuestros nietos a Navy Pier, y la pasamos bien. Ya sabes cómo son los nietos: quieren esto y aquello. Lo mejor es decir que no tienes dinero. De esa manera, puedes comprarles lo que deseas para ellos, en lugar de todo lo que ellos desean, que literalmente es todo.

Anochecía, y estábamos a punto de retirarnos. Entonces, se les ocurrió la idea de comprar unos juguetes que brillan en la oscuridad. Mi nieto preguntó: «Abuelo, ¿podemos comprar esas cosas que brillan?». El costo individual era de seis dólares, y teníamos cinco niños con nosotros. Por supuesto, mi esposa también deseaba uno. Y al ver que todos resplandecían, no quise quedarme atrás, y me compré uno. Ahí dejé cuarenta y dos dólares.

De regreso a casa, los juguetes brillaban en la oscuridad, y todos estábamos felices. De pronto, Little J. dijo:

—Estas cosas se están muriendo.

—¿Muriendo? —respondí. Se estaban debilitando y ya no brillaban como antes. Sin embargo, les tenía una sorpresa.

—No te preocupes. Puedo arreglarlo —dije.

Entonces, me contestó:

—Abuelo, ¿puedes repararlo? —como ves, porque soy su abuelo puedo reparar todo.

Pero yo tenía una ventaja sobre mis nietos: podía leer y ellos no. La viñeta decía que después de un tiempo la brillantez de los juguetes se atenuaba. La manera de hacer que brillaran de nuevo era amarrándolos a una fuente luminosa para exponerlos a la luz. Cuando llegamos a casa, eso fue exactamente lo que hice. Los amarré a una bombilla para exponerlos a la luz.

Mi nieto exclamó:

—¡Miren, brillan otra vez!

Ahí tenía mi oportunidad, así que aproveché que estaba con mi nieto para enseñarle sobre las cosas de Dios. Y él comprende más de lo que las personas creen.

—¿Sabes qué? —le pregunté—, esto es como los cristianos.

—¿A qué te refieres, abuelo?

—Tenemos luz porque hemos nacido de nuevo, y la luz habita en nosotros. Es la luz de Cristo. Esa luz nos ayuda a llevar cabo lo que debemos hacer. Pero, en ocasiones, cuando no estamos en comunión (es decir, cuando no estamos amarrados a él), sucede que nuestra luz se desvanece, y si no nos amarramos pronto a la luz, nuestra luz se oscurecerá por completo.

»Así es un creyente: es salvo, pero su luz se atenúa. Para que la luz regrese con la intensidad de antes, necesitamos amarrarnos a Jesús porque él es la Fuente de nuestra luz.

—Ah, quizá eso sucede con mi familia —respondió. Pude ver cuán perceptivo era y la profundidad de sus palabras.

Entonces, ¿qué sucede cuando una mujer ama a un hombre? Es capaz de avanzar porque se amarra a la verdadera fuente de luz. La mujer ejemplar descrita por Salomón es nuestro modelo. Es difícil de encontrar, y es raro verla. No todas las mujeres reflejan sus virtudes, no toda mujer que encontramos es una mujer ejemplar. Quisiera que fuese de otra manera. El tipo de mujer que buscamos es aquella que sobresale de entre las demás; será llamada mujer ejemplar por su relación con Dios y por su carácter y conducta piadosa.

Ella sabe cómo echar mano del más grande de sus recursos: la luz que guía su camino; su amistad y comunión con Dios. Disfruta de un permanente abastecimiento de la gracia que la fortalece, así que el cuidado y la conducta que su vida irradia son tan poderosos como la luz que la ilumina de la cual obtiene la fuerza.

¿ES CORRECTO EL PRECIO?

Cuando el rey Salomón describió el carácter de la mujer ideal, escribió que su valor sobrepasa el de los rubíes (Proverbios 31:10, NTV). ¿Por qué la compara con los rubíes? ¿Por qué no la compara con la plata o el oro? ¿Y qué de los diamantes? En esa época, el oro era el bien más preciado, y, como moneda comercial, se utilizaba para comprar bienes. Salomón pudo haber utilizado el oro para hacer la comparación.

El valor de una mujer ejemplar supera cualquier bien común. Si lo piensas, ¿qué haces con las piedras preciosas? Las muestras para que el mundo las pueda ver. De la misma manera, Dios quiere colocarte, su preciada mujer ejemplar, en exhibición de manera que puedas modelar su características ideales. Quiere que los demás vean las bendiciones que recibirían si siguieran el patrón divino. Mujeres, asegúrense de ser un modelo verdadero y no un maniquí. Estás para desfilar en la pasarela que Dios tiene para la mujer ejemplar. No permitas que el mundo te vista con sus ideas de cómo ser una buena mujer.

Si batallas con lo que Dios está haciendo en tu vida, entiende que todos tenemos batallas. En algún punto, él te entregó una promesa y pareciera que esta no llegará a buen término. Quizá hayas esperado mucho y te preguntes cuándo alcanzarás el fin deseado que Dios prometió. Mi mensaje para ti es que no renuncies a Dios. Él ha puesto algo valioso en ti que va más allá de cualquier comparación, y te valora más de lo que puedas imaginar.

Quiero darte otro ejemplo. En una ocasión, fui al supermercado de la localidad a comprar comestibles, entre estos leche, lechuga, salchichas, una docena de huevos, bananas y panecillos. Cuando la cajera cobró el dinero, me dijo: «Señor, son doscientos treinta seis dólares con treinta y nueve centavos». Pregunté: «¿Cómo dice?». Ella lo repitió, y se dio cuenta de que algo andaba mal.

Entonces pensé: *Sé que la inflación es alta, pero esto es ridículo.* Ambos observamos la pantalla de la caja registradora, y vimos que el precio del paquete de panecillos de doce onzas era de doscientos once dólares con cincuenta centavos. Por supuesto, se trataba de un error. No podía pagar esa cantidad por los panecillos, y el gerente corrigió el precio con rapidez.

¿Qué había sucedido? Por error, la cajera le había asignado a los panecillos un precio equivocado y este debía cambiarse. ¿Por qué razón no podía asumir la actitud de «mire, si no los quiere, no los compre»?

Te digo por qué. El fabricante estableció el precio del paquete de panecillos y lo envió a la tienda. Y dado que el precio para mí era demasiado alto, tenía el derecho de reclamar y demandar el valor correcto.

Veamos esto desde otra perspectiva. ¿Existe algún problema similar en lo que respecta a las mujeres? No. En este caso, somos nosotros los que hemos bajado el precio. El Creador de la mujer ya estableció su valor, y nadie tiene el derecho de bajarlo.

A los ojos de Dios, las mujeres están en alta estima. Cuando Dios creó a Eva, no dijo «es bueno» como cuando creó a Adán. Él dijo que su obra era «muy» buena. Dios hace esta distinción para demostrar que ha puesto algo valioso en ella que no tiene el hombre. Dios ha intensificado al extremo el valor de la mujer.

No digo que Dios valora más a la mujer que al hombre. Mi punto es que Dios intensificó una característica en particular en su naturaleza, no así en el hombre. Es la característica de cuidar. Si estudias esta palabra, «bueno» al igual que «cuidar» provienen de la misma raíz en el hebreo. Así que Dios nos dice que las mujeres tienen la tendencia excepcional de cuidar. Por lo tanto, la capacidad de cuidar que posee una mujer viene de la forma como fue diseñada.

Por eso, ella tiene compasión de sus hijos cuando se han equivocado. Por ejemplo, si el pequeño Jimmy no quiere cumplir alguna de sus responsabilidades, mamá deja que se escape solo con una advertencia. Pero quizá no sea tan fácil convencer a papi para que no le ponga freno.

¿Por qué es así? Por lo general, la compasión de mamá anula su decepción en lo referente a sus hijos. Por otro lado, papá es pragmático, y, en esencia, no es un cuidador. Lo único que ve es que nadie ha cortado el césped cuando deberían haberlo hecho.

EL ARTE DE CUIDAR

Cuando una persona cuida de otra, lo demuestra de maneras tangibles: se puede ver y tocar. Los principios de la habilidad femenina de cuidar se desarrollan de la siguiente manera. Cuando una mujer ama a un hombre le brinda:

Cuidado completo. Su esposo no desea nada más, pues ella se asegura de que sus necesidades están satisfechas. Su esposo es libre de hacer lo necesario para mantener a la familia y no debe preocuparse por llegar a casa y prepararse su cena o limpiar la casa. Sé que hoy en día muchas esposas tienen empleo. Pero de acuerdo con la Biblia, el trabajo no debería suplantar la prioridad que Dios ordenó, la cual es manejar el hogar. Para una mujer ejemplar, eso no representa ningún problema, pues además está bien organizada y ha establecido todo de manera que su empleo fuera de casa no interfiere con su trabajo prioritario.

Cuidado permanente. Cuando una mujer ama a un hombre, de manera fiel cuida de cada necesidad que pueda preocuparlo. Le brinda el apoyo necesario para liderar el hogar. Un hombre describió así la situación: la esposa ideal se mantiene en vela si estás enfermo y se levanta contigo cuando estás sano.

Cuidado incondicional. Las Escrituras dicen que cuando una mujer ama a un hombre, le hará bien y no mal todos los días de su vida. Observa que no dice que todos los días de su vida siempre y cuando sea el líder que debe ser. No dice todos los días de su vida siempre y cuando él provea como se supone debe hacerlo. Tampoco dice todos los días de su vida siempre y cuando él no la enoje o haga algo equivocado. No. Dice todos los días de su vida, punto. Eso es todo.

Debes comprender que esto es cuidado total. No se fundamenta en condiciones o criterios que la mujer pueda tener de su esposo. Es una forma de pensar fundamentada en el carácter de la mujer. Las acciones y la actitud de una mujer ejemplar son invariables en la forma en que muestra su cuidado por su esposo. Cada palabra y cada acción expresa su sentir: «No importa; lo voy a cuidar de todas maneras».

Recuerda que Dios la ha hecho ayuda para su esposo. Cuando Dios la llama ayuda, le concede las mismas características que él posee como nuestro Ayudador. El cuidado de Dios es incondicional, de la misma manera, el cuidado que ella debe brindar no depende de condición alguna.

Eso no significa que para ella sea algo fácil de hacer. Su actitud es, simplemente, «*tengo* que hacer esto». Su relación con Dios la impulsa a actuar de esa manera. Y por su amor al Señor, es capaz de hacer lo necesario. Este es su eslogan: le brindaré lo que necesite.

Permanece conectada

Por la unión que tienes con Dios, puedes aprender de primera mano cómo él trata a sus amados. Se te ha encargado una gran labor, y para llevarla a cabo debes tomar la dirección del Señor. Imítalo. Dios te brinda gracia y bondad amorosa; haz lo mismo por tu pareja.

Para caminar por la vida, Dios ha puesto dentro de nosotros un sistema de navegación llamado Espíritu Santo. Cuando recibimos a Jesucristo, el Espíritu Santo viene y reside en nuestras vidas. Él nos une al Padre.

Al andar por esta travesía, a veces perdemos el camino. En muchas situaciones no sabemos qué hacer porque nuestras relaciones no marchan bien. Las dificultades son inevitables en el matrimonio. La crianza de los niños es un desafío. Las parejas comprometidas batallan con problemas de compatibilidad, pero en todos los casos, lo único que necesitamos es apretar el botón de la oración.

La Biblia dice que el Espíritu Santo siempre se encuentra listo para ayudarnos a vencer los obstáculos, incluso cuando no sabemos cómo orar. Esta es la seguridad que tenemos:

«Así mismo, en nuestra debilidad el Espíritu acude a ayudarnos. No sabemos qué pedir, pero el Espíritu mismo intercede por nosotros con gemidos que no pueden expresarse con palabras» (Romanos 8:26).

En ocasiones, nuestro lenguaje humano es insuficiente para expresar lo que sucede en nuestro interior. No debes preocuparte si no sabes articular exactamente lo que quieres decir, solo oprime el botón de la oración. Los sistemas de monitoreo satelitales del cielo saben dónde te encuentras y qué debes hacer.

Así que ponte de rodillas y háblale a Dios con sus mismas palabras: «Señor, confío en ti con todo mi corazón. No confiaré en mi propio conocimiento. Te reconozco en todos mis caminos. Tú has prometido guiar mi camino». Cuando el Espíritu Santo asciende al tercer cielo y el Padre celestial escucha nuestras plegarias, se comunica con nosotros a través de su Espíritu. Recibimos dirección y poder en nuestro interior para triunfar sobre las circunstancias. Somos capaces de exhibir el carácter de Dios gracias a nuestra relación con él.

Así que no importa con quién estés casado o con quién planificas hacerlo, la pregunta es: ¿Estás conectada con Dios? ¿Te has amarrado alrededor de su gloriosa lámpara? ¿Permites que Dios refuerce tu carácter de manera que te conviertas en lo que él desea?

Considera lo que ha sucedido y lo que tenemos a nuestro favor. Jesús hizo el sumo sacrificio. Entregó su corona al Padre; luego, entregó su deidad por la humanidad. Renunció a su hogar celestial a cambio de habitar en la tierra; después, entregó su vida en el Calvario. Sin embargo, antes de eso, dio su espalda para recibir latigazos y su cabeza para sufrir una corona de espinas. Después de haber entregado a Juan el cuidado de su madre y de haber dado su cuerpo para ser sepultado, Jesús resucitó. Y posteriormente no dejó de entregarse. Nos dió el Espíritu Santo en el

Día del Pentecostés, nos concedió ser parte del cuerpo de Cristo. Fuimos sellados por el Espíritu Santo, quien ministra y habita en nosotros de manera permanente. Nos llenó de bendiciones espirituales en los lugares celestiales.

Y todavía sigue entregándose. Se encuentra a la diestra del Padre intercediendo por nosotros; nos brinda sus oraciones y su presencia, de manera que nunca estemos solos. Nos da poder, así que cuando la plenitud de Cristo esté en nosotros, seamos capaces de lograr sus propósitos. Él sigue dándonos más, y la Biblia dice que un día revestirá nuestros cuerpos con inmortalidad, le veremos tal como es y seremos como él es.

Después de hacer todo esto por ti, ¿sientes en tu corazón el deseo de entregar lo que el Señor solicita? Seguir su modelo y obedecer sus mandamientos. Si eres mujer, conviértete en una ejemplar. Si eres esposa, conviértete en una ejemplar. Si decides en tu corazón mostrarle a tu esposo un amor tangible, te garantizo que no estarás perdiendo tu tiempo. Dios te coronará reina y verás que te tratan como tal.

Piensa *en esto*:

1. ¿Alguna vez te tomaste el tiempo para desglosar el pasaje del amor en 1 Corintios? Examina cada versículo y evalúa muy bien si estás a la altura del verdadero amor.

2. ¿Por qué es necesario expresar amor genuino por alguien antes de utilizar tu fe para hacer algo bueno por ella?

3. ¿Reconoces la importancia de amarte a ti misma antes de brindar amor a los demás?

4. ¿Qué sacrificios haces para mostrarle a tu esposo que lo cuidas y que te preocupas por su vida?

5. Explícale a una amiga o a una hija que una mujer debe estar llena de virtud en todos sus papeles, incluso antes de convertirse en una esposa ejemplar.

Vive *por esto*:

Querido Padre celestial, gracias por darnos el más grande de los regalos que es tu amor eterno. Muéstrales a tus hijas cómo emular tu amor de formas tangibles a la hora de amar a sus esposos. Por tu gracia, ayúdales a confiar en su recurso más preciado, es decir, la luz de tu Palabra, la cual posee el poder de mantenerlas siempre cerca de ti. En el nombre de Cristo, así sea.

Capítulo Seis
El toque final

ME VEO FORZADO A HACERTE una pregunta: ¿inviertes tiempo en leer la Biblia por enriquecimiento y disfrute personal? Espero que realmente aprecies la Palabra de Dios porque, créeme, las telenovelas no pueden compararse a ese magnífico libro. Si tuvieras el hábito de leerlo con más frecuencia, no tendrías que ver otra telenovela o un programa de telerrealidad. Te aseguro que las historias fascinantes contenidas en la Biblia son mejores que cualquier programa que puedas ver en el televisor.

La siguiente descripción de una mujer casada es fascinante y confirma lo que he propuesto desde el principio. Existe un diseño maravilloso inspirado por Dios solo para las mujeres. Míralo así: Dios es el Diseñador Maestro que pone a prueba un concepto para verificar si cumple las especificaciones de su diseño divino. Cuando lo pone en el escaparate, espera que el modelo avance como se espera y se detenga según lo planificado.

Así es como Dios espera que la mujer viva su vida. Además, su habilidad de servir en su papel de esposa enfatiza de manera particular el diseño femenino, ya que resalta las interacciones simbióticas existentes en las parejas casadas. En otras palabras, la manera en que Dios diseñó a la mujer le concede la oportunidad exclusiva de brillar en su matrimonio. Ha recibido el privilegio de ser el toque final en una relación que agrada al Señor.

Al mismo tiempo, el Ser Supremo insondable, Dios Todopoderoso, diseñó el vínculo matrimonial de manera asombrosa y con mucho temor. Alguien con experiencia evidente en el tema del matrimonio expresó lo siguiente después de mucha consideración: solo existen dos ocasiones cuando un hombre no comprende a una mujer. Una es antes del matrimonio, y la otra es después de este.

Agregaría que en el caso de la mujer sucede lo mismo. Existen momentos, antes o después de casarse, en que una mujer no comprende a su hombre. Por eso, imploro a las mujeres a seguir el diseño de Dios y permitirle que las guíe cuando se trata de amar a sus esposos, a la manera de Dios.

A lo largo de este libro hemos visto el tema recurrente de que Dios les asignó tareas y responsabilidades distintas a hombres y mujeres. Además, existen tareas para el hombre que las mujeres no desean hacer, y algunas tareas asignadas a una mujer que los hombres no desean hacer. De la misma manera, existen tareas que la mujer puede hacer y el hombre no. En este último aspecto, lo primero que se me ocurre es que el hombre nunca podrá dar a luz, y me siento agradecido por ello.

Y solo para mostrarte cómo la sociedad puede confundir los problemas entre los géneros, permíteme hacer un paréntesis aquí y darte un ejemplo. Nuestra iglesia pone a disposición de la comunidad una feria de la salud. Cuando me hice un examen de osteoporosis, me llamó la atención que el cuestionario previo a la consulta no favorecía a los hombres.

Tuve problemas desde la primera pregunta: ¿estás embarazada? Respondí: Nunca. La siguiente pregunta era: ¿estás atravesando la menopausia? Dije: Sí, la masculina. No tardé en darme cuenta de que las preguntas se dirigían a las mujeres como si solo ellas sufrieran de una enfermedad tan debilitante como la osteoporosis.

Pienso en las diversas maneras en que hemos sido programados en un pensamiento erróneo que deja a los dos géneros perplejos y en desacuerdo. No obstante, no todo está perdido. No entremos en pánico porque Dios nos mostrará el camino. Ya lo ha hecho, y hoy día su Espíritu Santo sigue guiándonos.

LA COBERTURA DEL AMOR

Existió una mujer sabia llamada Abigaíl. Lo que diré sobre esa mujer es verídico incluso *antes* de que ella conociera a su esposo, y es verídico *después* de haberse convertido en su esposa porque Dios la diseñó de esa manera. Esta es la historia de una mujer que demostró saber cómo cubrir las faltas de su esposo.

Su historia aparece en 1 Samuel 25. Estaba casada con un hombre llamado Nabal. Es interesante que la Biblia claramente lo identifica como un tonto. En el Antiguo Testamento, existen varios vocablos en hebreo que se traducen como «tonto» y que van desde el más pequeño de los tontos hasta el más grande de todos.

Seré claro. El nombre Nabal significa «cabeza hueca y de mente estrecha». Era un verdadero tonto. La Biblia describe la negatividad que ese tipo de persona proyecta:

«Más vale toparse con un oso enfurecido que con un necio empecinado en su necedad» (Proverbios 17:12).

Pareciera que Nabal era el tipo de personas que no quisieras tener cerca, ¿verdad? Sin embargo, su otra mitad, Abigaíl, era lo opuesto. Era una mujer inteligente que sabía el estado de su esposo. Y no solo eso, también sabía que era un tonto rico.

A medida que avanzamos en la historia, vemos que el rey Saúl odiaba a David; por lo tanto, este huía por su vida. No era tiempo de cosecha de cebada ni de trigo, así que no había comida en los campos.

David y sus hombres estaban hambrientos, por lo que idearon un plan. El hombre rico, Nabal, tenía cientos de ovejas que pacían en los bosques. Puesto que había sido pastor, David sabía cómo los ladrones conspiraban para robar ovejas de los rebaños. Para que a Nabal no le sucediera eso, David y sus hombres rodean el rebaño y lo vigilan de manera constante.

Con la idea de que Nabal estaría agradecido por la protección brindada, David le envía a sus mensajeros para saludarlo y contarle cómo su ejército había cuidado a sus ovejas en lugares solitarios. Como recompensa, David le pide a Nabal que muestre su generosidad al enviarles alimentos. Sin pensarlo, Nabal se torna agresivo y se rehúsa de manera contundente. Incluso intenta actuar como si no conociera a David.

Cuando David supo del rechazo de ese hombre desagradecido, se enojó y de inmediato se preparó para la venganza. Tras encargarles a sus hombres que se prepararan para la batalla, estaba listo para destruir a Nabal y todas sus pertenencias.

Afortunadamente para Nabal, uno de los siervos le informó a Abigaíl lo que estaba a punto de suceder. Tan pronto como se enteró, Abigaíl reaccionó con prontitud. Quizá pensó: *Ah no, lo volvió a hacer.* Hubiese sido un terrible error ignorar a Nabal para que se las arreglara por su cuenta. Por lo tanto, sin perder ni un minuto de su valioso tiempo para hablar con su esposo, Abigaíl tomó paquetes de comida y dispuso reunirse con David y su ejército.

Sabía que no podía confiar en el juicio de su esposo. Cuando se encuentra con David, este le dice que Nabal le había retribuido su amabilidad con maldad. De inmediato, ella se inclina al suelo y aboga ante David:

«Señor mío, yo tengo la culpa. Deje que esta sierva suya le hable; le ruego que me escuche» (1 Samuel 25:24).

Abigaíl sabía que, una vez más, Nabal le hacía honor a su nombre. Así que le respondió a David como su esposo debió haberlo hecho. Echó mano de toda la pericia y diplomacia que podía mostrar, pues debía convencer a David de no dañar a Nabal y sus posesiones. Sin lugar a dudas, era la cobertura que su esposo necesitaba. Sin ella, Nabal hubiera estado frito.

Soy el primero en admitir que algunos de nosotros necesitamos entender que, en ocasiones, no nos percatamos de lo que tenemos. Por lo tanto, hermanos, prestemos atención. Si un hombre no aprecia a su buena mujer, alguien más lo hará. Cuando una pareja se separa, por lo general hay alguien ansioso que espera ocupar el lugar del hombre.

¿Qué aprendemos de la historia de Abigaíl? Cuando una mujer ejemplar ama a un hombre, lo cubre. De esa manera, Abigaíl agregó el toque final en su matrimonio. Ahora veamos cómo la cobertura de una mujer para con su esposo puede determinar su bienestar.

1. Conoce su carácter

Para impedir que su esposo saliera perjudicado, Abigaíl razonó con David. Le dijo:

«No haga usted caso de ese grosero de Nabal, pues le hace honor a su nombre, que significa "necio". La necedad lo acompaña por todas partes. Yo, por mi parte, no vi a los mensajeros que usted, mi señor, envió» (1 Samuel 25:25).

Recuerda lo que dije antes porque, en definitiva, refleja a esta mujer. Dios ha diseñado a la mujer para soportar el golpe de la adversidad. Abigaíl poseía la habilidad de doblarse cuando era necesario y mantenerse firme cuando se requería. A todas luces, esta mujer podía mantenerse firme cuando debía.

Las Escrituras dicen que Abigaíl era hermosa e inteligente y que sabía cómo manejar los tiempos de crisis. Cuando Nabal se encontraba en un problema serio sin siquiera darse cuenta, ella complementaba su falta de sentido común. El hombre había irrespetado al próximo rey de Israel. No tenía ni idea de contra quién se oponía. David había matado al gigante Goliat cuando tenía diecisiete años, había tomado a un león por su melena y lo había matado. No se juega con alguien así.

Pero, ¿qué le dio Dios a Nabal por ser este último un tonto? Le dio una mujer sabia que entendía el carácter de su esposo y estaba dispuesta a protegerlo de sus propias decisiones tontas.

Quiero detenerme aquí por un momento. Deseo confesar que soy tonto en ciertos aspectos. Y me alegra que Dios me haya dado una esposa sabia. Para mi fortuna, dejé de rebelarme en contra de ella y lo he aceptado. Ahora me doy cuenta de que estaba ciego, y que Dios me dio a mi esposa para cubrirme cuando yo actuara en mi ceguera. Solo espero que los otros hermanos abran sus ojos y reconozcan lo que tienen antes de que sea demasiado tarde.

2. Mantente dispuesta a corregir sus errores

Para cubrir sus faltas, Abigaíl le dio a David tres cosas que Nabal se había rehusado a entregar: reconocimiento, respeto y recursos.

a) Nabal no reconoció la posición de autoridad de David. Abigaíl corrige ese error de criterio al postrarse a los pies de David. Apoyó a su esposo al compensar su pobre juicio.

b) Nabal no le dio a David el respeto debido. Habló con desprecio al próximo rey de Israel. Abigaíl también compensa ese error cuando habla al rey con el título de «mi señor», lo cual es equivalente a decir «líder» o «jefe». Para corregir la ofensa evidente por parte de su esposo, ella le brinda a David honra y respeto.

c) Nabal se negó a entregarle a David algunos recursos que se había ganado. Para compensar la naturaleza egoísta de Nabal, su esposa reúne abundantes recursos y se los lleva a David. Dichas acciones, contrarias al egoísmo de su esposo, trajeron protección del Señor para ellos.

Abigaíl hizo todo lo posible para arreglar las cosas con David. Ahora, sé lo que estás pensando. La Biblia dice que ella no le menciona a su esposo lo que está a punto de hacer. ¿No se consideraría actuar a espaldas de él un irrespeto a su autoridad? En este caso, diría que no. Debía actuar rápido. David los perseguiría para matarlos. No había tiempo para convencer a un tonto cabeza hueca de que necesitaba actuar con rapidez.

2. Comprométete con él

Al hablar con David en favor de su esposo, Abigaíl sabía lo que hacía. Su misión era cubrir las faltas de Nabal y protegerlos a ambos de sufrir daño. Por lo tanto, le explica a David toda la situación y defiende su caso con humildad. No olvides que sus acciones demostraron su compromiso y lealtad a Nabal. En esencia, estaba diciendo «así es él».

¿Te das cuenta? Para cubrir a tu esposo, tienes que mostrar tu lealtad a él, aun cuando la situación no sea la mejor. Necesitas conocer a tu esposo. No es tan fuerte como para protegerse de sus propias debilidades. Conoce sus debilidades porque lo tendrás que proteger de ellas. Necesitas saber de qué es capaz. Debes saber el tipo de mujeres que le gustan, el tipo de recreación que prefiere. Muestra tu compromiso con él por medio de conocerlo.

Toma nota del ejemplo de Abigaíl. No conozco tu situación personal y, talvez, no sea tan seria como la de ella. Pero es obvio que Dios se la dio a Nabal como esposa porque carecer de sentido común. Ella le explica a David que no se encontraba con Nabal cuando todo comenzó. Si hubiera estado, las cosas hubieran sido diferentes.

Abigaíl conocía a su hombre y la fortaleza que ella albergaba para él. Habría razonado con él luego de que este rechazara la petición de David. Además, no lo hubiera hecho en público. Habría mostrado sentido común al hablarle en privado y decirle algo como esto: «Nabal, ¿puedo hablar contigo un minuto, por favor? Solo quiero comentarte algo». Luego, habría desglosado la situación para que él la comprendiera: «Este hombre será el próximo rey de Israel. Está hambriento, desesperado, y huye por su vida. Tiene a todos esos hombres de su lado; si lo desea, puede tomar lo que quiera. En lugar de ello, ha demostrado ser un hombre de honor al ayudarte. Gracias a él, no has sufrido ninguna pérdida, y lo que es aun más importante, mantendremos a salvo nuestras vidas. Este hombre es importante; con su honda mató un gigante, no deberíamos meternos con él».

Si hubiese tenido la oportunidad de hablar con él de esa manera, ¿cuál hubiera sido el resultado? Ella hubiese actuado como debería actuar una mujer ejemplar en una situación tan difícil al mostrar su compromiso con su esposo.

Quizá tu esposo sea tan imperfecto que has tenido que lidiar con situaciones adversas. Si es así, esta es tu oportunidad para demostrarle a Dios que tu deseo es convertirte en el toque final que ayude a tu marido. Tu misión es cubrirlo. Quizá no tenga la razón, pero nadie más puede hablarle como tú. ¿La razón? Él todavía es tu hombre.

Puedes reconocer que es un tonto (solo admítelo delante de Dios), pero nadie más puede llamarlo de esa manera. Tus amigas pueden irrespetar a sus hombres de esa manera. Sin embargo, tu respuesta debería ser: «No hables así de mi hombre. Está equivocado, pero él es mío. Se echa a correr, pero es mío. No está haciendo lo que se espera de él, pero es mío. Sé que Dios me lo ha dado». A eso le llamo tener un compromiso sólido.

Solo recuerda, si honras a Dios al amar al hombre con quien te unió en santo matrimonio, Dios te honrará en maneras que quizá no puedas siquiera imaginar. No obstante, debes saber que tendrás que trabajar por el amor, y esto comienza con el entendimiento de las razones por las cuales necesitas comprometerte con tu esposo, aun cuando esto pueda parecer difícil de lograr.

Una vez más las Escrituras muestran la respuesta:

«Sobre todo, ámense los unos a los otros profundamente, porque el amor cubre multitud de pecados» (1 Pedro 4:8).

El trabajo de amor indica proceso. Quiere decir que perdonas a tu esposo de manera continua, incluso si comete los mismos errores, antiguos y desgastantes, una y otra vez. En lugar de revolver quejas del pasado y de continuo recordarle que falló «otra vez», adopta el enfoque de Dios. Cuando se trata de faltas personales, Dios es fiel para perdonar cada pecado. Ahora ponte en los zapatos de tu cónyuge, no lo desprecies. Necesita tu perdón continuo de manera que ambos puedan seguir adelante.

Abigaíl llevó este principio a otro nivel cuando guardó los mandamientos de Dios y cubrió los pecados de su esposo al adoptarlos como propios. Mujeres, ¿pueden comprender esto? Revisen las palabras de una esposa ejemplar. Aunque ella no había hecho nada malo, defiende la situación frente a David y dice: «Yo le ruego que perdone la falta de esta servidora suya» (versículo 28).

Espera un minuto, Abigaíl asume la responsabilidad de las transgresiones de su esposo. Le dice a David que si ella hubiese estado presente, ningún problema hubiera sucedido. En otras palabras, todo era culpa suya, pues debía haber estado ahí para evitar cualquier posible error embarazoso y costoso que su esposo pudiera cometer. ¿Por qué toma la responsabilidad por el pecado de su esposo? Porque conocía un hecho esencial: sabía que cuando Dios une a dos personas en matrimonio, ambos se convierten en un solo ser. Su identidad se perdió en la de su esposo, y ella lo sabía.

En consecuencia, sus acciones reflejan una verdad para todas las mujeres. La esposa debe llegar a esa misma conclusión y declarar lo siguiente: «yo soy parte de él. Nada de lo que hace está aislado de nuestra relación. Todo lo que dice, cada lugar a donde va, cada persona con quien entra en contacto; todo me afecta.

»Si es descuidado y pierde su dinero, ese también es mi dinero. Si es irresponsable y choca el automóvil, ese es mi automóvil también. Si es imprudente y mancha su reputación, pierdo la mía también. Estoy con él aun cuando yo no haga nada equivocado. Sufro las consecuencias de lo que él haga, pues estoy unida a él. Y casi todo el tiempo cargo con un mayor gasto emocional del que cualquiera pueda imaginar».

Sé que es un desafío, pero, ¿puedes confiar en que Dios se encargará de los detalles intrincados de su diseño para ti? Él te ha equipado para hacerlo, y Abigaíl lo demuestra cuando aparece en la escena. Ella se identifica con el pecado de su esposo y lo toma como suyo propio. Pudo hacerlo porque seguía el diseño divino de una mujer ejemplar. Como consecuencia, cambia el panorama de lo que parecía ser un incidente letal y devastador, y sus esfuerzos se ven grandemente recompensados. Escucha lo que David responde frente a la voluntad de esta mujer de hacer lo correcto ante los ojos de Dios:

«El Señor, Dios de Israel, me ha impedido hacerte mal; pero te digo que si no te hubieras dado prisa en venir a mi encuentro, para mañana no le habría quedado vivo a Nabal ni uno solo de sus hombres. ¡Tan cierto como que el Señor vive!» (1 Samuel 25:34).

Por la manera de conducirse, Abigaíl recibe el respeto de David y atrae su atención. Le dice que sus acciones lo han detenido de hacerle daño a ella y a muchos otros. Abigaíl cubre de forma exitosa los errores de su esposo y rectifica su maldad. Es un ejemplo de lo que Dios espera de las esposas.

Ahora, quizá digas: «Pero usted no conoce el tipo de hombre con el que tengo que lidiar. Soy un desastre gracias a él». Bien, ya conoces la situación en que Abigaíl se encontraba; pudo haber sido fatal. No obstante, ella se levantó a enfrentar la situación, sin vacilar, y no se detuvo a pensar en todas las ocasiones en que su esposo le había causado dolor y vergüenza. Simplemente decidió pasar todo por alto y reaccionar de manera que pudiera evitar el peligro que enfrentaban en ese momento. Su compromiso para con su esposo no le permitió quedarse tranquila y permitir que su comportamiento necio destruyera todo lo que tenían.

¿Adivina qué? Dios también sigue en busca de ese nivel de compromiso en ti. Desea ponerte en el escaparate para que todos puedan ver el modelo precioso de una esposa ejemplar. Lo sepas o no, él cubría las espaldas de Abigaíl y hace lo mismo contigo, así que no desmayes. Sigue el curso del amor que el Señor ha colocado en tu corazón porque, te lo prometo, no te dejará a la deriva.

De hecho, este el punto más importante de todos: el fundamento de las acciones de Abigaíl era espiritual. Dios hizo que se diera cuenta de las debilidades de su esposo y también le ayudó a saber cómo hablarle a David. Sin duda, Abigaíl ya había escuchado de David, no obstante, él era un completo extraño para ella.

¿Cómo lo sé? Antes de ese incidente, la Biblia no menciona que alguna vez tuvieran alguna conversación. Esto me dice que Dios estaba dirigiéndola porque demostró sabiduría y confianza para manejar la situación. Y todos sabemos que la sabiduría viene de Dios.

Quiero agregar mis observaciones sobre las relaciones entre los hombres y las mujeres. Las mujeres son más aptas que los hombres para evaluar a una persona y, a grandes rasgos, elaborar una valoración exacta. Además, es usual que lo hagan en un tiempo relativamente corto. Ahora bien, en ocasiones las mujeres se equivocan porque nadie es perfecto. Sin embargo, la mayor parte del tiempo, su conclusión es acertada.

Por ejemplo, una mujer puede discernir cuando alguien es sospechoso u oscuro, ya sea hombre o mujer. Si una esposa le advierte a su esposo de mantenerse alejado de alguien, es mejor escucharla. El diseño de Dios para una mujer incluyó una habilidad innata, llamada intuición femenina, y es real.

Ese es el tipo de instinto que Abigaíl utiliza; ella determinó que David era un hombre piadoso. Por lo tanto, su conversación con él giró en torno a Dios y a la devoción que David tenía por él. En el versículo 26, Abigaíl le dice que gracias a la providencia de Dios, David no había herido a nadie. En otras palabras, Dios lo dispuso así.

En el versículo 27, ella le habla de la provisión de Dios. Le menciona los regalos que le ha traído como una bendición para él y sus hombres. ¿Quién trae las bendiciones? Todas vienen de parte de Dios. ¿Qué es lo que intenta decir? «Dios nos ha dado esto para dártelo a ti. Dios te provee a través de nosotros».

Luego, en el siguiente versículo, le pide perdón. ¿Quién habla del perdón? Dios tiene la autoridad última de perdonar. ¿Quién es el que más habla del perdón en la Biblia? David. Él se identificó de manera definitiva con lo que ella hablaba.

Finalmente, en los dos versículos siguientes esta sabia mujer le recuerda a David que Dios es quien lo prospera. Como Dios pelea sus batallas, David no tiene necesidad de vengarse por su cuenta. David no puede argumentarle nada a Abigaíl porque el mensaje es irrefutable: «¿Por qué querría hacer esto?».

En todo, Abigaíl fue una mujer ejemplar que cubría las faltas de su esposo. Y muchos hombres tienen esposas o prometidas como ella. Pero la tragedia es que somos como Nabal: no escuchamos a nuestras mujeres.

MISIÓN CUMPLIDA

Con el tiempo, Abigaíl le reveló a Nabal toda la situación. Después de que ella regresara de salvar sus vidas, la Biblia dice que Nabal estaba dando un banquete y se encontraba borracho (versículo 36). Debemos entender que solo existe alguien peor que un tonto, y ese es un tonto borracho.

Como una muestra de su prudencia, esta esposa echó mano de su buen juicio y esperó hasta la mañana siguiente para hablar con su esposo acerca de lo sucedido. Aquí tienes el relato: «Por la mañana, cuando a Nabal ya se le había pasado la borrachera, su esposa le contó lo sucedido. Al oírlo, Nabal sufrió un ataque al corazón y quedó paralizado» (versículo 37).

En general, un hombre que recién sale de una borrachera no tiene muchos deseos de hablar. Ella aprovechó esa oportunidad, pues así estaría más calmada y no tendría tan siquiera que levantar la voz. Fíjate en la respuesta, pues nos presenta algo importante. Aun cuando era un tonto, reconocía que Dios le había bendecido con su esposa.

Luego de que ella le relatara lo sucedido, el corazón de Nabal se paralizó y él quedó petrificado. Eso quiere decir que lo embargó el miedo, y cualquiera diría que estaba en ascuas. Imagino lo que estaba pensando: *Increíble, casi lo echo todo a perder. Sé que he hecho cosas tontas en mi vida, pero esa hubiese sido la más grande de todas.* Con una mujer como Abigaíl, cualquier hombre hubiese sido tonto y loco si la dejaba ir.

¿Por qué pienso que esta es una gran historia? La razón es porque no termina ahí. En términos generales, uno tiene la impresión de que Dios desaprobaba el comportamiento malvado de Nabal, pues había irrespetado en gran manera al escogido de Dios. El versículo 38 nos informa que diez días después Nabal muere. Cuando David escucha la noticia, ¿adivina qué sucedió después del funeral? Abigaíl escucha que llaman a su puerta. Todavía ataviada con el velo del duelo, sale a ver quién era. Los mensajeros de David se hallaban frente a la puerta, con la petición de convertirse en esposa de David. Esta es su respuesta:

«Ella se inclinó, y postrándose rostro en tierra dijo: —Soy la sierva de David, y estoy para servirle. Incluso estoy dispuesta a lavarles los pies a sus criados. Sin perder tiempo, Abigaíl se dispuso a partir. Se montó en un asno y, acompañada de cinco criadas, se fue con los mensajeros de David. Después se casó con él» (1 Samuel 25:41-42).

Abigaíl se casó con David. Quizá sufría, pero también pensaba: *algo bueno puede resultar de esto.* Su difunto marido le había traspasado su riqueza, ahora, se convertiría en la esposa de un rey rico y poderoso que valoraría su consejo.

Al ver su pasado y reflexionar en todo lo sucedido, Abigaíl debió concluir que Dios había estado en control de toda la experiencia. Esa es una historia poderosa.

ESPERANZA CONTRA ESPERANZA

Aquí te presento el principio: Dios le ha dado a la mujer la habilidad innata de ser una sombrilla natural de protección y un canal de bendición para el hombre. Encontramos este principio en 1 Corintios 7:13-16. Este texto nos describe la situación de una mujer salva y de un esposo que no lo es. El pasaje dice que si un hombre desea permanecer unido a su esposa, que no lo rechace, pues el esposo incrédulo es santificado por su esposa.

¿Qué significa esto? Si tu esposo no es salvo y desea quedarse contigo, recíbelo. Existe esperanza porque la bendición de Dios está sobre ti, y él te utilizará como canal de bendición para tu esposo. Si sufren problemas financieros y dejas que él se quede, Dios los bendecirá y la luz vendrá sobre él porque Dios desea que la electricidad permanezca en ti. Tu esposo no perderá el empleo, aun cuando esté en peligro, porque Dios desea que sean prósperos; por lo tanto, Dios mantendrá su empleo. Él guardará la salud de tu esposo porque Dios desea que él se convierta en una bendición para ti, de manera que ambos sean de bendición el uno para el otro.

¿Comprendes lo que digo? Si tu esposo se marcha, perderá el derecho de la sombrilla protectora de Dios. Como resultado, será entregado en las manos de Satanás. El enemigo de Dios puede hacer lo que desee con él porque ese hombre ya no permanece más bajo la protección divina ni recibe más del canal de bendición.

Pero si regresa a ti, Dios comenzará a sanar el matrimonio por una tan sola razón. Esta no se fundamenta en lo que tu esposo pueda hacer, pues él es como Nabal. La razón está ligada al hecho de que estás comprometida con tu esposo. Cumples el propósito por el cual fuiste creada: eres la *ezer* de tu esposo.

Considera lo siguiente: todos necesitamos ayuda para atravesar los desafíos de la vida. De manera intencional, Dios diseñó las cosas de esta manera para que no fuésemos seres aislados. Por eso, él es el Gran *Ezer*, nuestro ayudador. Si legítimamente reconoces cuánto necesitas la ayuda de Dios, entonces así será para con tu esposo. Este necesita el auxilio de quien Dios le asignó como su ayuda, su pequeña *ezer*, para asistirle a lo largo de la vida. Durante todo el tiempo que esta travesía se prolongue, tú eres su cobertura, tal como Dios lo es para ti. Eso es justo lo que sucede.

LAS BENDICIONES DE DIOS SON EXTENSAS

Hubo otra mujer en el Antiguo Testamento que siguió el diseño divino de Dios, y él colocó su vida en un escaparate para que todos la pudieran ver. Según los estándares actuales, por su historial la catalogarían como una prostituta, inmoral, promiscua, tramposa, o cualquier otro término para identificarla como una ramera. Pero Dios la utilizó de manera poderosa y le demostró al mundo de que lo que haces no necesariamente define quién eres ante los ojos del Señor.

Encontramos su historia en el capítulo 2 del libro de Josué:

«Luego Josué hijo de Nun envió secretamente, desde Sitín, a dos espías con la siguiente orden: "Vayan a explorar la tierra, especialmente Jericó" Cuando los espías llegaron a Jericó, se hospedaron en la casa de una prostituta llamada Rajab. Pero el rey de Jericó se enteró de que dos espías israelitas habían entrado esa noche en la ciudad para reconocer el país. Así que le envió a Rajab el siguiente mensaje: "Echa fuera a los hombres que han entrado en tu casa, pues vinieron a espiar nuestro país". Pero la mujer, que ya había escondido a los espías, le respondió al rey: "Es cierto que unos hombres vinieron a mi casa, pero no sé quiénes eran ni de dónde venían. Salieron cuando empezó a oscurecer, a la hora de cerrar las puertas de la ciudad, y no sé a dónde se fueron. Vayan tras ellos; tal vez les den alcance". (En realidad, la mujer había llevado a los hombres al techo de la casa y los había escondido entre los manojos de lino que allí secaba.)» (Josué 2:1-6).

En esta historia, la mujer es conocida como una prostituta; por ende, ostentaba mala reputación. Su nombre era Rajab y, de hecho, tenía dos aspectos en su contra: no solo tenía una mala reputación, sino también era una gentil.

¿Qué sucedía? Josué, el líder del pueblo de Dios, envió dos espías a la ciudad de Jericó para examinar la tierra. El viejo Josué era inteligente. Quizá recuerdas que, con anterioridad, Moisés había enviado doce espías para evaluar la tierra, uno por cada tribu. Fueron a reconocer el territorio antes de que los israelitas entraran. No obstante, diez de ellos regresaron con un mal reporte. Este mismo Josué fue uno de los únicos dos que regresaron y hablaron con fe. Ahora él está a cargo, y decide que solo enviará a dos hombres.

Cuando los dos espías llegan a la ciudad, encuentran la casa de Rajab, quien los reconoce como parte del pueblo de Dios. Al recordar todo lo que el Señor le había hecho a Faraón y su ejército, Rajab percibe que Dios está a punto de hacer lo mismo con su pueblo. Entonces, Rajab les dice a los hombres: «Por eso estamos todos tan amedrentados y descorazonados frente a ustedes. Yo sé que el Señor y Dios es Dios de dioses tanto en el cielo como en la tierra» (Josué 2:11).

Esta fue una declaración poderosa proviniendo de alguien que típicamente no reconocería a Dios. Con sus palabras, Rajab admitía que creía que el Dios de Israel era capaz de otorgarle la tierra a su pueblo. Por su fe, se fortaleció en sus convicciones, y, por lo tanto, desobedeció a su rey y ocultó a los espías, convencida de que Dios era más poderoso que cualquier ejército de simples mortales.

Además, esta mujer no era tonta. A cambio de su protección, les pidió a los hombres que no tocaran a su familia. Les dijo: «Por lo tanto, les pido ahora mismo que juren en el nombre del Señor que serán bondadosos con mi familia, como yo lo he sido con ustedes. Quiero que me den como garantía una señal» (versículo 12). Ellos aceptaron.

Por ese acto de fe, una mujer con un carácter cuestionable se gana una mención honorífica en la Palabra de Dios.

Quizá te preguntes qué tiene esa mujer de especial. Bien, Dios la diseñó y la puso en el escaparate. Era soltera, y no tenía ninguna oportunidad de conseguir esposo. Por ser una prostituta, no era aceptada en los círculos respetables. Sin embargo, nada de eso la detendría de correr el riesgo y cubrir al pueblo de Dios. Como resultado, Dios honró lo que ella hizo por él.

Antes de que el ejército de Josué llegara a la ciudad, Rajab debía asegurarse de que toda su familia estuviera dentro de la casa. La promesa consistía en que todos los que estuvieran en su casa serían salvos. Si algún miembro de su familia que vivía en otra parte de la ciudad esperaba ser salvo, debía ir a la casa de Rajab; de lo contrario, lo destruirían como al resto de la ciudad.

Las Escrituras relatan que Rajab ató en su ventana el cordón rojo que había recibido de los espías. Cuando el ejército de Dios entró en la ciudad, nadie en su casa resultó dañado. ¿Cómo se salvaron estas personas? ¿Fue porque habían escondido a los espías? ¿Porque creyeron en Dios? No. La bendición de Dios estuvo sobre la casa de Rajab, y todos dentro de la casa fueron salvos porque ella era la *ezer* de esa casa.

Este es el principio: Rajab se convirtió en un canal, un conducto de bendición. A causa de su fe y disposición para cubrir al pueblo de Dios, ella y toda su casa fueron preservadas. Esa es la promesa de Dios. La bendición de Dios estaba sobre la casa de Rajab, y todos los demás en la ciudad fueron destruidos.

Luego, algo interesante sucedió. Después de la batalla, Salmón, uno de los espías que ella había ayudado a ocultar y que era varón de Dios, supo que Rajab era mujer de fe. Salmón comprendía que el trabajo de una mujer era brindar cobertura a su hombre, y eso fue, precisamente, lo que Rajab le otorgó. ¿Adivina qué? Salmón y Rajab se casaron.

Por un tiempo, ella tuvo una vida escandalosa. Sin embargo, siguió el diseño de Dios. Él probó su fe al ponerla en el escaparate. Dios deseaba mostrarles a las mujeres lo que puede hacer si se ponen de acuerdo con él.

Pero ese no es el final de la historia. La Biblia dice en Mateo 1:5 que Salmón y Rajab tuvieron un hijo llamado Booz. Ya conocemos esa historia: Booz se casó con una mujer llamada Rut y tuvieron un hijo, Obed, quien, a su vez, se casó y tuvo un hijo cuyo nombre fue Isaí. Este tuvo ocho hijos, siendo el último de ellos David, quien llegó a ser rey de Israel y parte de la genealogía de Jesucristo.

Rajab tuvo el privilegio de entrar en el linaje de Cristo porque Dios la mostró como un modelo ejemplar. Lo creas o no, algunas mujeres de este siglo piensan que Dios es incapaz de hacer lo que hizo cuatro mil años atrás. Utilizó a una mujer que nadie pensaría encontrar en una genealogía judía, nunca una gentil, sin mencionar que era prostituta. Esta no es cualquier genealogía, es la genealogía del Señor Jesucristo. Él desea que cada mujer sepa que seguir el diseño divino le traerá bendición y que la convertirá en un canal de bendición.

CONOCE QUIÉN ERES

¿Comprendes lo que sucedió en la vida de Rajab? Se convirtió en un canal de bendición para ella y su familia. Demostró ser el tipo de mujer que Dios ha diseñado para el hombre. Por eso, se casó con un hombre que se sintió atraído a ella por su fidelidad a Dios.

Pero el final de la historia tampoco es ese, porque cuando lees otras partes de las Escrituras (Mateo 1:3-5) notas que su nombre queda registrado de manera preminente. Dios la utiliza como un modelo que otros pueden imitar. Ocupó a una mujer que vivió hace miles de años para brindar un ejemplo contemporáneo, significativo y práctico a las mujeres del siglo veintiuno y más allá. Servimos a un Dios maravilloso.

Si te sientes inútil o despreciada, debes saber que Dios no se ha olvidado de ti. Él te dice lo siguiente:

«Porque sólo un instante dura su enojo, pero toda una vida su bondad. Si por la noche hay llanto, por la mañana habrá gritos de alegría» (Salmos 30:5).

En ocasiones, en medio de la noche, piensa quién eres como mujer y como la esposa que Dios te ha convertido. Él te llama una *ezer*, un nombre que él utiliza solo para sí, no para un hombre. Como ayuda para tu esposo, eres una bendición exclusiva dada por Dios. Te levantarás gritando, y tus vecinos pensarán que alguien te persigue en tu casa por los gritos de gozo que darás al descubrir lo que Dios te ha dado.

Al levantarte esa mañana, encontrarás un compañero nuevo y mejorado frente a tus ojos. El cambio en tu esposo comenzó el día que decidiste confiar en Dios y seguir su diseño para ti. Vendrá el tiempo cuando veas el cambio y te regocijes por la manera maravillosa en que Dios habrá bendecido tu matrimonio. Así que, hermana, anímate.

Dios les dice a las mujeres: todo lo que necesitas hacer es entender cómo te diseñé. Y cuando choques contra el muro de la adversidad, inclínate como yo te he dicho o manténte firme según sea el caso. Y te usaré como un canal de bendición. Te bendeciré y tú bendecirás a otros.

Dios te pondrá en un escaparate para que todos puedan verte, te ayudará a convertirte en el toque final de tu relación. Te mostrará cómo complementar a tu esposo en completa sujeción. Te enseñará cómo apreciar y cubrirlo con cuidado amoroso. Te prosperará y te colmará de paz de manera que todos sepan que permaneces en su voluntad y eres modelo de su diseño. Entonces, en el tiempo de Dios, te concederá lo que pida tu corazón, de acuerdo a su voluntad.

Piensa *en esto*:

1. ¿Por qué Dios anima a la esposa a permanecer al lado de su esposo aun cuando él no tiene una relación con Dios?

2. Además de la capacidad de tener hijos, ¿cuáles son otras capacidades que Dios le ha concedido exclusivamente a la mujer?

3. En tus palabras, explica el principio por el cual la mujer se apropia del pecado de su esposo.

4. ¿Por qué Dios les confiere significado a esa actitud y ese comportamiento desinteresados?

5. ¿Cómo puede una mujer mostrar la cobertura sobre su esposo de manera práctica?

Vive *por esto*:

Querido Padre celestial, gracias por mis preciadas hermanas en Cristo Jesús. Gracias por revelarles el mensaje de
transformación que deseas ocurra en ellas. Muéstrales cómo
seguir tu diseño desde hoy en adelante. Enséñales a tus hijas
cómo cubrir a los hombres que les has dado, en el nombre
de Cristo, así sea.

Conclusión

¿QUÉ ES MÁS IMPORTANTE para el bienestar de una persona que el respeto y el reconocimiento? Podría apostar que nada es mayor que estos dos aspectos. ¿Qué importancia tiene esto para una esposa amorosa? A la larga, ella le brinda respeto a su esposo cuando le presta atención y sigue su dirección.

Reconozco que, en ocasiones, los principios de Dios son difíciles de aceptar porque la sociedad nos ha programado para aceptar estándares más bajos. No obstante, hoy en día existen mujeres que ejemplifican el diseño de Dios. Y aquí está mi punto: si ellas pueden hacerlo, también otras pueden. De hecho, algunas mujeres sabias han tenido que aprender lecciones valiosas en referencia a la habilidad de sus esposos para dirigir. Han dedicado tiempo y esfuerzo para animar a sus parejas en el ámbito del desarrollo personal.

Por si acaso tienes dudas persistentes en cuanto a esta verdad, concluiré este estudio de *Cuando una mujer ama a un hombre* con un ejemplo actual del diseño de Dios. El Señor se complace con acciones como las que estoy por relatar y desea exhibirlas para que todos las vean.

En mi congregación, existe una mujer piadosa que hace bien al valorar a su esposo bajo la luz de los principios que la mujer ejemplar nos ha enseñado. Considero apropiado relatar su historia porque resume eficazmente los argumentos expuestos en este libro.

Hace algún tiempo, esa mujer quería congregarse con nosotros cuando fuimos llamados a servir en la Iglesia Bautista South Shore. Ella comenzó a asistir a nuestras reuniones de oración, lo cual disfrutaba. Después de asistir por un tiempo, llegó a la convicción de que Dios deseaba que ella y su esposo se hicieran miembros de nuestra iglesia.

Poco tiempo después, su esposo se me acercó para hablar. Me comentó sus pensamientos sobre lo que él consideraba importante a la hora de escoger una iglesia. También me dijo que no estaba persuadido de que la Iglesia Bautista South Share era el lugar apropiado para ellos.

Eso estaba bien. Entiendo que ser miembro de una iglesia es una decisión importante, y que cada familia debe determinar en qué lugar puede cumplir el propósito de Dios de la mejor manera. Sin embargo, su esposa estaba completamente convencida de que nuestra iglesia era el lugar en que necesitaban permanecer.

En la siguiente reunión de oración, ella me comentó: «Pastor, no asistiré más a su iglesia. Mi esposo ha decidido que nos uniremos a otra iglesia. Creo en verdad que Dios quiere que estemos aquí, pero voy a respetar y apoyar a mi esposo, seguiré su liderazgo. ¿Podría orar conmigo? Le pediré al Señor que le dé sabiduría a mi esposo para dirigir y a mí, la gracia para seguirle».

En ese momento pensé: *¡Caramba! Qué excelente actitud.* Sabía que Dios estaba complacido por su conducta. Así que después de orar, le pedí permiso para utilizar su caso como ilustración, y ella accedió.

¿Qué quiso decir con «recibir gracia para seguirle»? Ella le pidió a Dios ayuda para mantenerse en silencio, pues deseaba cooperar con alegría en la decisión que su esposo estaba tomando. A pesar de que ya había manifestado su preferencia y de que el esposo había decidido tomar otra dirección, ella estaba dispuesta a respetar su decisión. Sus acciones demostraron que cuando una mujer ama a un hombre, de buena fe apoyará sus decisiones.

Resultó que, después de todo, la iglesia que el esposo había escogido no era lo que esperaban. No se sintieron satisfechos y no permanecieron ahí durante mucho tiempo.

Puesto que ella estaba lista para cumplir las directrices de Dios, esa mujer sabia tenía más opciones que enfrentar. Pudo haber dicho: «¡Te lo dije! Hemos perdido todo este tiempo para terminar de regreso en la Iglesia Bautista South Shore. Eso fue *lo que te dije* que hiciéramos en un principio…». Sin embargo, no reaccionó de esa manera, sino que, en amor, siguió el liderazgo de su esposo.

Talvez algunas mujeres digan que la manera de actuar de esa mujer fue en vano. Quizá ella debió haber permanecido en desacuerdo y tildarlo de necio. Por el contrario, cuando una mujer ama a un hombre de la manera que Dios desea, todo se trata de apreciar su masculinidad y no de desafiar sus decisiones.

¿Te das cuenta? Esposa, una vez que descubres que Dios creó a los hombres con el deseo de liderar, aceptarás el hecho de que a veces «tendrás que dar vueltas y perder el tiempo» con tu esposo. Lo que en realidad haces es darle la oportunidad de actuar en su posición de liderazgo y reconocer a Dios, quien le brinda dirección.

Además, sabrás que la conducta que muestras es ejemplar cuando respondas con un espíritu suave, es decir, cuando brindes una respuesta que no se opone o reacciona negativamente. Tu respuesta pacífica es el mejor testimonio de que eres una mujer ejemplar, ya que demuestra que no te preocupas ni actúas con ansiedad. En definitiva, es probable que «convenzas» a tu esposo, y que cuando nuevas situaciones se susciten, él te escuche y considere tus ideas y sugerencias con mayor atención.

El punto medular es que si anhelas vivir sabiamente con tu esposo, le mostrarás que comprendes la manera en que fue creado y le permitirás ejercer las cualidades que Dios le ha dado.

Tengo un pensamiento final. Quiero preguntarte si esperarías que un pez viviera fuera del agua. ¿Le impedirías a un pájaro volar? Permite que tu hombre sea el hombre. Apóyalo. Anímalo a seguir su tendencia a liderar. Ayúdale a cultivar y perfeccionar su habilidad de tomar decisiones. Házle sugerencias útiles y preséntale las ventajas y las desventajas de las decisiones posibles que enfrenta. En otras palabras, ámalo de manera que pueda sentirlo en todos los aspectos de su relación contigo.

Cuando le muestres tu amor de manera tangible, Dios será tu testigo y, a su debido tiempo, tu esposo responderá de acuerdo a tu amor. La Palabra de Dios es verdadera y permanece para siempre en los cielos. En otras palabras, Dios no cambia sus reglas. Aplica a diario el principio de Gálatas 6:6-10. Las Escrituras prometen que si haces tu mejor esfuerzo y buenas obras para con los demás, recibirás un buen futuro en tu vida. Así que no te canses ni te rindas de hacer el bien. Siembra las semillas de un buen matrimonio, y Dios responderá con buenos resultado para ti.

Dios desea eso para ti. Date cuenta de que puedes ser la mujer ejemplar que él quiere que seas. A pesar de todo lo que podría disuadirte, el Dios de toda gracia es quien puso en ti la habilidad de llevar a cabo tu papel como una esposa excelente.

Cuando una mujer ama a un hombre, guarda la Palabra de Dios en su corazón y recuerda que «Engañoso es el encanto y pasajera la belleza; la mujer que teme al Señor es digna de alabanza» (Proverbios 31:30).

Mi oración es que nuestra búsqueda de la mujer ejemplar haya sido fructífera. Ella ahora está despierta, pues la hemos encontrado en ti. Que Dios te bendiga siempre.

Notas

Notas